Simone Salvini

# La mia vita in verde

## Storia di un cuoco vegetariano felice

**MONDADORI**

# Presentazione

Nutro una profonda ammirazione per Simone Salvini e per tutti coloro che riescono a vivere senza scendere a compromessi con i loro ideali. Io non ci riesco. Sono curioso, non mi accontento mai ed è un bene perché quando incontro un cuoco vegano so bene a cosa rinuncia, anche se per lui non è una rinuncia limitarsi al mondo vegetale. Io soffrirei se dovessi mangiare senza apporto alcuno di ingredienti di natura animale. Simone soffrirebbe per il motivo opposto.

Ma anche se viviamo in due mondi diversi, sono felicissimo di potermi sedere alla sua tavola e di coinvolgerlo nelle iniziative di "Identità Golose". Quando si decide di mangiare vegano non si tratta di gustare spaghetti al pomodoro invece che al ragù o una pizza alla marinara al posto di una margherita. Si mette in moto tutto un mondo che non è facile comprendere in poco tempo. Salvini ha pazienza, pensa e ripensa alle soluzioni migliori per avere piatti golosi, gustosi e belli all'occhio. Quelli come lui vanno difesi e, soprattutto, incoraggiati perché si fanno carico di aspetti come la salute e la difesa delle risorse del pianeta. Io gli dico sempre che sono un onnivoro vegano e lui sta al gioco perché sa bene che alterno i giorni o i pranzi vegani con quelli carnivori.

Non è affatto detto che per essere vegani autentici si debba venire al mondo già vegani. Magari è quasi meglio non esserlo da subito, altrimenti un giorno potresti cambiare idea. Ben vengano i missionari come Salvini comunque, che si prendono cura delle nostre anime di peccatori e chissà se, di libro in libro, non riusciranno a farci ricredere.

Paolo Marchi

la fine
il principio — Anfang
la speranza — Hoffnung
esibirsi — sich produzieren,
auftreten
trascorrere — verbringen

# Infanzia

Sono nato, così dicono i miei genitori, il 10 aprile 1969 presso l'ospedale fiorentino di Careggi. Quello fu un anno straordinario, denso di fermenti intellettivi, spinte sentimentali e accadimenti storici. Simbolicamente la fine di un decennio e il principio di un altro, pieno di speranze e novità.

Nell'anno in cui sono nato i Led Zeppelin (la mia rock band preferita) pubblicarono il loro primo album. I grandi Beatles si esibirono dal vivo sul tetto della loro casa discografica, la Apple Records di Londra. In Giappone venne pubblicato il manga dell'Uomo Tigre, che combatte e lotta come nessun altro atleta sa fare. Ma soprattutto il 21 luglio la storia cambiò, grazie allo sbarco dell'uomo sulla Luna.

I miei genitori mi portarono ad abitare nella casa di Scandicci in via Pisana 97, dove ho trascorso i miei primi diciott'anni.

Terzo di tre figli, ho vissuto nella casa con i miei fratelli Sandra e Marco, accudito e coccolato da tutti i membri della mia famiglia, compresi i miei nonni paterni che abitavano con noi

Al mattino presto le nostre vite si separavano: i nonni si trasferivano nei campi della periferia fiorentina a coltivare cose semplici semplici, mio padre andava in centro a Firenze a lavorare in un'azienda legata alle Ferrovie dello Stato e noi piccoli ci recavamo nelle rispettive scuole.

L'unica persona a rimanere a casa era mia madre, che in passato aveva lavorato in famose pelliccerie fiorentine. Una famiglia normalissima che viveva seguendo i ritmi più tradizionali dei miei nonni, in sintonia con la terra, e quelli più moderni legati all'impiego del capofamiglia. La sera, e più precisamente l'ora di cena, diventava il momento della giornata in cui ci ritrovavamo tutti insieme. Mia madre si occupava della preparazione della cena, di solito composta in gran parte dalle verdure coltivate dai nonni.

Mia sorella, più grande di me di diversi anni, aiutava la mamma nei lavori domestici e seguiva mio fratello e me nei compiti di scuola e in tante altre piccole faccende. Non ricordo un solo momento critico tra noi tre; forse nelle vite precedenti avevamo già litigato così tanto che l'esperienza attuale ci serviva a perfezionare il nostro comune potenziale. Sia Sandra sia Marco sono stati degli ottimi esempi e fratelli fidati; da loro ho appreso tanto e nei loro confronti sento un forte attaccamento di sangue.

Sandra è una donna pienamente realizzata con una bella famiglia; vive vicino Firenze con mio cognato Marco e i miei nipoti Lorenzo (alto più di due metri) e Ginevra. A quest'ultimi, tutte le volte che li vedo, dico di studiare e far le cose per bene! Vorrei che provassero a realizzare i sogni che hanno nel cuore anche se non sempre sono in sintonia con le aspettative di noi adulti.

Ricordo che alla loro età, intorno ai sedici-diciassette anni, ero scosso dai fatti del mondo: le guerre in Africa, l'AIDS, le bombe in Irlanda erano accadimenti troppo grandi per essere capiti, ma al tempo stesso generavano in me scoramento e dubbi sulla bontà del genere umano. Mi chiedevo spesso come mai l'uomo debba star male, come mai abbia sempre bisogno di prevalere su altri esseri umani. A volte mi sentivo così vinto da queste forze ctonie da non a mettere pienamente a frutto il mio potenziale sia a scuola sia nella vita di tutti i giorni.

Invece la Natura! La Natura era per me un rifugio non ordinario dove vivere con consapevolezza e istinto. I miei nonni paterni lavoravano nei campi dalla mattina alla sera. Di solito verso le cinque del pomeriggio, con mio padre e mio fratello, andavamo a prenderli con la nostra Fiat 127; appena arrivati, io e Marco distruggevamo tutto quello che di buono avevano fatto loro: calpestavamo i solchi appena tracciati soffocando così con le nostre pedate i semi che si trovavano sotto terra, rompevamo i canaletti d'irrigazione allo scopo di capire lo scorrere dell'acqua prelevata da un pozzo molto distante. Eravamo come due tsunami che, invece di prendere le forze dal profondo oceano, desideravano vivere in piena libertà in mezzo al verde.

Nei pomeriggi passati nei campi dei miei nonni abbiamo vissuto momenti bellissimi: giocavamo a pallone, ci davamo botte da orbi, ma tutto finiva lì. I miei nonni erano sempre molto pazienti con noi e mio padre gli assomigliava molto!

Poi c'era mia madre; il vero capo della casa intestata alla famiglia Salvini. Appena tornavamo dai campi, nelle condizioni che sono facili da immaginare, si faceva sentire con rimproveri e consigli che l'indomani erano naturalmente disattesi. Mia madre, come tante donne italiane cresciute dopo la seconda guerra mondiale, era più vicina alla figura di una santa che a quella di una persona comune. Cresciuta nel Mugello, la terra dei Medici e prima del grande Giotto, era arrivata a Firenze con l'ingenuità tipica di una ragazzina di campagna. Ma la sua famiglia era semplice e vera; seconda di sei fratelli, la mamma nella vita si è sempre comportata con onestà. Ha avuto dei genitori straordinari che hanno cercato di vivere con grandi e profondi ideali legati alla Chiesa e alla vita familiare rispettosa dei ruoli e delle competenze.

I racconti di mia mamma riguardo al periodo bellico mi scuotono ancora adesso. I miei nonni, grazie all'aiuto che in campagna non manca mai (oggi si chiamerebbe ammortizzatore sociale), avevano costruito un rifugio contro le bombe scavato nel tufo di Grezzano, un bellissimo paesino mugellano. Durante gli attacchi aerei degli alleati i componenti della famiglia Ulivi si ritiravano velocemente nel rifugio insieme a una mucca che serviva come macchina da latte, alimento di sostegno per i fratellini e i cugini di mia mamma. Durante i numerosi rastrellamenti nazisti il nonno materno rischiò più volte di essere imprigionato e condotto in campi di chissà quale natura. Mia mamma ancora oggi ama raccontare queste storie per scuoterci dalla preoccupazione delle cose banali che ci capitano nella vita; i miei nipoti spesso desiderano approfondire tali argomenti, forse perché anche a loro, come a me, la guerra appare una pratica innaturale e inutile.

Da piccolo, i miei genitori mi portavano a visitare le case dove mia mamma aveva vissuto da bambina, le stalle dove dormivano le mucche e i campi che servivano per guadagnarsi da vivere. E per me lo spettacolo più bello era vedere le mucche nella stalla del fratello di mio nonno, Alfredo. Le mucche erano belle e serene e servivano non per essere macellate, ma per produrre latte, per tirare i carretti e gli aratri, per fornire lo sterco che veniva usato per arricchire il terreno di sostanze azotate. Amavo l'odore di stalla e gli associavo esperienze antiche e archetipiche; mia mamma non capiva forse fino in fondo il piacere che io provavo annusando tutto ciò.

Gandhi definiva le mucche come poesia della compassione poiché capaci di aiutarci nelle opere agricole, nella produzione del più pregiato combustibile come lo sterco secco e tanti altri usi. Alcuni giornalisti occidentali chiesero un giorno al Mahatma: "Ma come mai nelle tue fattorie non usate i trattori?", e lui con estrema semplicità e non scevro da pragmatismo rispose: "E perché dovrei farlo; non ho mai visto uscire dalla marmitta di un trattore del latte o dello sterco!".

I nostri antenati vivevano in armonia con gli animali più o meno grandi; si nutrivano di tanto in tanto della loro carne ma non avrebbero mai costruito un allevamento intensivo con il solo scopo di produrre quantità di carni inutili alle reali necessità.

In passato si mangiavano tanti frutti della terra come verdure di stagione ed erbe spontanee e solo di tanto in tanto si cucinavano gli animali da cortile. La vita era dura e ritmata dalle sinfonie naturali come l'alba, lo zenith, il tramonto e l'oscurità. Si andava a letto presto e si iniziava a lavorare quando ancora in casa si usavano le candele per fare luce.

La generazione precedente alla mia ricorda ancora case senza il bagno, stanze prive di termosifoni e luce prodotta da combustibili naturali.

Mia mamma e mio papà hanno cercato di fare del loro meglio, hanno usato gli strumenti di cui disponevano e sono tuttora di esempio per me per lealtà e onestà nei confronti del prossimo. Papà Antonio dice spesso che l'uomo occidentale ha sparso terrore ovunque e adesso ne paghiamo le conseguenze. Secondo lui, quindi, tanti conflitti su questa terra sono riconducibili a violenze antiche e al loro ricordo. Ma chi ha iniziato per primo? Rousseau non diceva che prima eravamo tutti amici e vicini alla Natura?

Ho frequentato le scuole dell'obbligo a Scandicci senza brillare e senza faticare più del necessario; al posto dello studio dei libri scolastici, preferivo le fatiche gioiose del pallone o della piscina, mia grande passione.

Il cibo che cucinava mia madre all'epoca non mi bastava mai; mangiavo molto e non ingrassavo grazie a tutto il movimento che facevo. Mi ricordo che mi preparava i fritti di verdura con la pastella fatta di farina e acqua. Quando sulla tavola comparivano carciofi, fiori di zucca e funghi fritti finivano prima che fossero distribuiti a tutti in modo democratico. Prima venivano i piccoli, poi i nonni e, solo alla fine, i genitori.

A Firenze l'olio per la frittura è solo extravergine d'oliva; per i cultori di questa tradizione culinaria non esiste una reale e credibile alternativa! Un mio antico maestro mi diceva: "Maremma diavola a Firenze… E si frigge solo coll'olio d'oliva, un c'è da discutere!".

11

## La ricetta
## Carciofi fritti alla maniera fiorentina
### *(senza glutine)*

Ingredienti (per 4 persone)
*2 carciofi toscani; succo di limone; scorza di limone; timo
fresco; 100 g di farina di ceci; 140 g di acqua gassata;
un pizzico di semi di finocchio; olio extraverₒ..ιe d'oliva;
2 g di sale fino.*

Eliminare le foglie esterne ai carciofi e la parte del gambo
non commestibile. Tagliare la testa, ossia la parte spinosa
del frutto e pelare la parte buona del gambo.
Bagnare sia il carciofo sia il gambo con acqua e succo
di limone in modo da evitare l'ossidazione.
Tagliare a pezzetti il gambo e a spicchi il carciofo e tenere
a bagno nell'acqua acidulata.
Creare la pastella con la farina di ceci, l'acqua gassata,
il sale e i semi di finocchio. Girare con una frusta in modo
da evitare la formazione dei grumi.
Far riposare la pastella per 1 ora.
Portare l'olio a 180 °C; togliere dall'acqua i carciofi,
condirli con le foglie di timo e la scorza di limone tritata
finemente. Passare prima gli spicchi di carciofi nella pastella
e poi nell'olio d'oliva. Friggerli girando di continuo
per 4 minuti. Passare i carciofi fritti nella carta assorbente
e servire ancora caldi.

*In questa frittura abbiamo invertito l'ordine dei nutrienti:
la proteina (ceci) anziché nel ripieno come avviene di solito
sta all'esterno sotto forma di pastella.*

*Imperfetto: parlavo parlavi parlava parlavamo parlavate parlavano*

# Firenze

*ero eravamo facevo*
*eri eravate bevevo*
*era erano dicevo*

"Prima di venire ad abitare a Roma pensavo fosse la città più bella al mondo."

Ho studiato e vissuto a Firenze fino alle superiori e ne ho ammirate le infinite bellezze. Dalla casa dei miei genitori al centro della città ci sono solo 5 chilometri di strada pianeggiante. A volte mi capitava di fare questo tratto a piedi, seguendo per gran parte i sacri lungarni, passando dalle Cascine, fino al viadotto dell'Indiano. Da lì la strada diventa meno attraente e più scontata perché fatta solo di asfalto e cemento, di quello brutto. Dopo il fiume Greve si arriva alla casa dei miei genitori che si affaccia su via Pisana, un'antica via di comunicazione, che da Firenze porta verso il mare.

Nella stessa strada, a circa 2 chilometri di distanza, è nato, trentuno anni prima del mio arrivo, uno dei miei più grandi maestri, Tiziano Terzani. Sia lui sia io abbiamo giocato all'ombra della cupola del Brunelleschi, senza aver avuto bisogno di lavare i panni nell'Arno perché eravamo già stati inzuppati, fin dai primi respiri, nel nostro grande e inquinato fiume.

Come il noto corrispondente di guerra, amo la cultura orientale, soprattutto quella indiana, e mi piace assai il fatto di essere diventato un amico di Angela, di Folco e della loro famiglia.

Firenze, per i ragazzi di periferia come me, era il centro del mondo; il luogo dove si trovavano le migliori scuole, i monumenti più ammirati, i negozi più affollati e tante altre cose. Prima in autobus, poi in motorino, successivamente in

*successivamente — nacheinander, später*

auto e infine di nuovo con i mezzi pubblici, in pochi minuti si passava dal dormitorio scandiccese alla magnificenza di Firenze. Gli operai di periferia, i turisti stranieri, passando per gli impiegati chiusi nelle auto per sbarcare il lunario, erano i comprimari sullo scenario che faceva da sfondo alla mia inquietudine.

Ponte Vecchio, Giardino di Boboli, Palazzo della Signoria, Santa Croce, piazzale Michelangelo e tanti altri siti fiorentini erano le mete delle mie curiosità interiori. Anche un solo bene di tale grandezza renderebbe famoso qualsiasi luogo nel mondo. E a Firenze sono tutti compressi in poche centinaia di metri quadri e lo spettacolo che ne emerge è impareggiabile.

In mezzo a queste meraviglie il mio cuore si perdeva; quando arrivavo nel centro della città di Dante, mi piaceva perdermi da solo nelle strade meno affollate con il naso all'insù e qualche antica storia da leggere tra le mani. I grandi della Terra non hanno mancato di parlare della mia città di origine: tra i tanti mi piace ricordare il giullare della filosofia Schopenhauer, che a Firenze si stava quasi per sposare con una ragazza del posto. Stava insomma per mettere in discussione tutte le sue teorie pessimistiche e, come piace dire a me, realistiche in merito alla natura dell'uomo e dell'umanità... Poi non si sposò più e continuò a scrivere sulla natura dell'uomo.

Firenze ha una sua forza intrinseca; vivere nel suo centro porta l'uomo a interrogarsi, dopo aver riempito la pancia, sulle grandi cose e sugli eterni misteri. Firenze va vissuta da fiorentini: è una piccola città ma con un grande e unico passato. Il Rinascimento non è che la manifestazione esteriore di fermenti partiti chissà quanti secoli prima; e io mi sono sempre chiesto: "Come mai tutti i grandi, in quel periodo, erano lì?". Architetti, pittori, scultori, politici, storici, futuri papi e tanti altri vivevano insomma nella stessa città! Saranno andati d'accordo o si saranno fatti la guerra?

Ma Firenze ha anche attorno a sé una campagna bellissima; a nord c'è il Mugello, la terra della famiglia di mia madre, e a sud c'è la piana del Valdarno, dove ho comprato una casa così piccola da non riuscire a contenere neanche un armadio normale.

Nel Mugello è situata la mia infanzia e ancora vi abitano molti parenti. Con i miei genitori passavamo le vacanze estive nella casa di mio nonno materno; tutti i giorni andavamo per funghi, facevamo il bagno nelle fredde acque dei fiumi con gli amici del posto e con mio cugino Daniele che, dopo aver allontanato da sé quella naturale dimensione, adesso lavora nel mondo delle assicurazioni sempre in giacca e cravatta.

Io e lui eravamo degli esploratori della terra che si attaccava ai nostri vestiti, e degli alberi dove costruivamo tane di legno.

La nostra casa era una tipica residenza di campagna con poche cose, ma tutte messe in ordine e preziose per condurre una vita in armonia. Ci trovavamo lì nel 1978, quando fu eletto papa Giovanni Paolo II; mia madre cercò di spiegarci il grande impatto che avrebbe avuto il primo papa non italiano dopo cinquecento anni nella storia della Chiesa.

Il mio pittore preferito, Giotto, viene da una località non molto distante dalla casa di Grezzano; adesso in età adulta mi piace pensare, almeno lo spero, al fatto che abbiamo anche sul piano genetico delle affinità parentali. I monti, le colline e i fiumi ammirati dal genio di Vicchio sono ancora lì vicino alla casa di Barbiana, dove è vissuto e dove ha chiuso gli occhi il nostro don Lorenzo Milani.

Il Mugello è una terra antica vasta e piena di colline; l'uomo ci ha messo del suo per imparare a viverci bene. Una volta era povera e abitata da gente semplice e da geni come Dino Campana, il poeta di Marradi... Adesso, invece, grazie anche alla realizzazione del grande bacino artificiale di Bilancino, le case del Mugello sono molto curate. La legna che prima serviva per cuocere il cibo e per scaldarsi dal freddo invernale ora serve per illuminare i camini, utili ormai solo per creare "atmosfera".

E pensare che, da piccola, mia mamma dormiva insieme alle sorelline e ai cugini; nei periodi più freddi dell'anno l'acqua nei bicchieri lasciati sulle tavole la sera prima addirittura ghiacciava.

Nel Valdarno, a metà strada tra Firenze e Arezzo, c'è il mio "nido", dove in realtà non sono mai riuscito a "nidificare" perché ho sempre vissuto fuori dalla mia regione di origine. Ho scelto di acquistare un piccolo fienile dopo aver fatto, per anni, turismo immobiliare.

Piantravigne è il nome del paesino, a circa 300 metri di altitudine, dove si trovano le due stanze e mezzo di mia proprietà: un cucinotto, un piccolo salotto, una piccola camera da letto e un mini bagno. Nel cucinotto ci sono i miei strumenti di lavoro – coltelli, stampi di metallo ecc... – utili a creare nuove ricette da inserire nei corsi che tengo in giro per l'Italia.

Molte ricette realizzate al Joia di Milano sono state pensate nel piccolo fienile di Piantravigne. Ed è sempre in questa casetta, durante i miei brevi soggiorni, che ho tradotto dall'inglese i testi della cucina vegetariana orientale, ayurvedica e cinese *in primis*. I libri sono attaccati al muro della camera grazie a delle mensole di legno che ricordano le atmosfere delle case coloniche del Valdarno.

Casa mia si trova ai piedi del formidabile Pratomagno, il monte più alto della catena appenninica della zona che divide il casentino dalla piana dell'Arno. Alcuni anni fa riuscivo in circa dieci ore ad andare e tornare da casa fino alla vetta del Pratomagno, quasi 1600 metri; solo che dopo dovevo stare tre giorni di seguito, a letto, per smaltire i dolori alle gambe provocati dall'infinita discesa.

Nelle notti estive, non essendoci nei paraggi fonti luminose intense, si riescono a vedere le stelle nel loro intero mistero e si fanno vivi animali di tutti i tipi. Un giorno trovai addirittura nel mio giardino un granchio di fiume vivo e vegeto!

Il Valdarno è una vallata pianeggiante con delle catene collinari che la regimano ai lati; l'Arno nell'arco di millenni vi ha disegnato un corso in piano tortuoso simile al corpo di un serpente dai colori infiniti.

Attualmente, poiché avevo dovuto smettere di nuotare a causa di un grave infortunio, sono appassionato di trekking, ma da poco ho ripreso il nuoto.

Dai paesini vicini – Loro Ciuffenna, Reggello, Olona – partono dei sentieri antichi, ancora in pietra, lunghi e ripidi che, fino alla seconda guerra mondiale, avevano lo scopo di consentire alle persone di raggiungere la vallata casentinese tanto amata da san Francesco.

Il Valdarno, prima che fosse ferito dall'autostrada, era attraversato da antiche strade romane e da sentieri costruiti a secco. È una valle più dolce del Mugello; l'uomo è riuscito a crearvi delle terrazze per gli ulivi, a realizzare vitigni di pregio e parchi naturali di fama.

Di tanto in tanto, amo andare a visitare l'abbazia di Vallombrosa, situata a 1000 metri di altitudine, da dove si gode di un panorama in grado di colmare il nostro cuore di pace. La basilica fu costruita a cavallo dell'anno Mille sulla spinta del monaco san Giovanni Gualberto, che decise di lasciare Firenze per andare a vivere nella selva. Ben presto ricercatori e asceti si unirono a lui allo scopo di creare una comunità religiosa basata sulla vita in comune e il ritorno a una povertà evangelica. Dall'abbazia partono stradine e sentieri da percorrere solo a piedi che consentono di arrivare verso Secchieta, un monte alto 1400 metri ammirato e frequentato dal mio concittadino e orientalista Fosco Maraini, etnologo, orientalista e scrittore, padre della famosa scrittrice Dacia, da giovane amava trascorrere intere giornate su questi monti perché ricchi di ruscelli incontaminati, cappelle ex voto, paesaggi bellissimi che raccontavano storie di coraggiosi eremiti.

Su questi crinali dai venti anni in su ho passato giornate intere a leggere le *Operette morali* del Leopardi, le biografie dei santi appartenenti sia alla tradizione hindu sia a quella cattolica. Stavo ore e ore da solo a contemplare la Natura e a leggere; gli unici miei compagni erano le rondini, i falchi e qualche animale a quattro zampe.

Una volta ero sdraiato a leggere un testo poetico sotto un albero in mezzo a un sentiero a circa 1200 metri; a un certo punto la mia mente si distrasse e, anziché continuare a concentrarsi sulla lettura, cominciò a saltare da un pensiero a un altro. Poi a un tratto si fermò e pensò a un bellissimo capriolo dalla postura eretta (un po' come Bambi da piccolo).

Dopo pochi attimi, la mia mente riprese le sue scorribande fino a quando un vero capriolo mi si parò davanti, mi guardò e poi proseguì il suo cammino senza essere impaurito o scosso dalla mia presenza. Mi sentii felice e in sintonia con qualcosa di più grande di me; qualcosa che c'era prima della comparsa dell'uomo e che molto probabilmente rimarrà dopo di esso.

Penso spesso a quell'animale per niente impaurito apparso davanti a me fisicamente, e che già attimi prima risiedeva, nitidamente, nella mia mente.

Nelle storie eremitiche si fa spesso riferimento agli animali come compagni di vita: cervi, scimmie, mucche e tanti altri esseri viventi divengono testimoni delle esperienze mistiche fatte da persone solitarie.

## La ricetta
## Crema di fagioli zolfini con pesto di sedano verde

Ingredienti (per 4 persone)
Per la crema di zolfini: *250 g di fagioli zolfini secchi;*
*foglie di salvia; pepe nero in grani; 1 carota; 1 costa*
*di sedano verde; 2 foglie di alloro; un pezzetto di cannella.*
Per il pesto di erbe: *foglie di sedano; foglie di rucola;*
*foglie di prezzemolo; foglie di menta; 50 g di noci; 100 g*
*di olio extravergine d'oliva; un pizzico di peperoncino.*

Mettere a bagno per una notte i fagioli in abbondante
acqua.
Cuocerli a fuoco moderato e con il coperchio, in acqua
con le foglie di salvia e dei grani di pepe nero.
Salare solo a fine cottura. Togliere i fagioli dall'acqua
che deve essere conservata.
Pelare e tagliare a cubi regolari sia la carota sia il sedano.
Farli rosolare in una casseruola dal fondo spesso insieme
all'alloro e alla cannella. Dopo alcuni minuti aggiungervi
i fagioli cotti e coprirli con l'acqua tenuta da parte.
Continuare a cuocerli a fuoco basso per circa 15 minuti.
Eliminare l'alloro e la cannella e frullare fino a ottenere
una purea liscia. Correggere di sale se necessario.
Sbollentare le foglie verdi in acqua salata per 1 minuto.
Scolarle e raffreddarle subito in acqua fredda. Toglierle
dall'acqua e strizzarle.
Pesarne 100 g e metterle nel cutter insieme a 100 g di olio
extravergine d'oliva, le noci, un pizzico di peperoncino
e un pizzico di sale. Frullare alla massima velocità fino
a ottenere un pesto liscio e privo di grumi.
Servire la crema di cannellini in una scodella di terracotta
con sopra una *quenelle* di pesto di sedano verde.

Gli zolfini fanno parte della storia della cucina valdarnese;
li troviamo molto spesso nelle zuppe e nei minestroni
e possono essere mangiati anche freddi nelle insalate
di verdure o di cereali. Sono di forma piccola e di un colore
chiaro e regolare. Il loro sapore è straordinario.
I veri fagioli zolfini devono essere coltivati in un'area
limitata vicino alla località La Penna (Arezzo). Il loro costo
è molto elevato e purtroppo in commercio si trovano
molte imitazioni di questo singolare legume toscano.
Le proteine molto presenti nei legumi e nei fagioli zolfini
sono facilmente assimilabili, sono più digeribili rispetto
ai più famosi cannellini e hanno bisogno di una cottura
più breve.

# Anni ottanta e novanta

Ritengo di appartenere a una generazione di transizione tra quella pienamente idealista, cresciuta negli anni settanta, e quella più sbarazzina, che ha vissuto la sua piena maturità negli anni novanta.

A metà degli anni ottanta la musica che accompagnava le mie giornate non era più quella delle grandi e ineguagliabili rock band del passato, tuttavia ancora suonavano i Queen, i Pink Floyd, i Police e grandi solisti come David Bowie.

In Italia, come risposta ai questi giganti della musica, avevamo in prima linea Toto Cutugno. La musica, quella vera e internazionale era insomma ancora viva; chi suonava lo faceva perché sapeva suonare e lo stesso valeva per chi cantava. Ascoltavo insieme ai miei amici soprattutto quella del decennio precedente, in particolare quella inglese; i Duran Duran e gli Spandau Ballet "vibravano" in noi solo nelle discoteche dove andavamo a ballare.

La mia compagnia era formata da ragazzi straordinari e pieni di talento: Alessandro, Federico, Filippo, Barbara, Gaia e Teresa e io facevamo parte della grande banda di amici che razzolavano lungo le strade di Casellina, un piccolo quartiere di Scandicci.

Trascorrevamo il nostro tempo libero facendo tutte quelle le cose che i ragazzi irrequieti fanno di solito a quindici-sedici anni. Andare a ballare e "le vasche" in piazzale Michelangelo e in centro erano la prassi quotidiana. Lo studio e lo sport venivano dopo! La vita ancora si svolgeva per la maggior parte del tempo all'aperto, ci ritrovavamo in via Pergolesi a Scandicci, il nostro epicentro energetico, a tutte le ore e tutti i giorni dell'anno. Il freddo, il caldo, il vento, la pioggia o la neve non ci impedivano mai di ritrovarci. Non esistevano ancora né i cellulari né i tablet e le radioline e lo stereo-portatile gigante ci facevano compagnia ovunque andassimo. Ci muovevamo sempre con il motorino, in due e senza casco.

Il cibo che mangiavamo in compagnia era semplice e riconducibile alle tradizioni culinarie toscane. Quando si parlava di panino farcito si faceva riferimento a quello con i tipici salumi della zona: salame e finocchiona in particolare. Il pane nero, che per me adesso è il più buono, all'epoca non era ritenuto "ganzo" e appetibile.

A Firenze non esistevano ancora i fast food; il centro storico era il luogo principale delle storie fiorentine, anche gastronomiche. Quando con la mia tribù di amici andavamo a cena fuori sceglievamo come antipasti il pâté di fegatini di pollo e le bruschette di legumi e pomodoro; come primi un tris composto da risotto alle verdure, pasta al ragù e al pomodoro o alle verdure; come piatto principale l'arrosto con patate e per dessert il tiramisù o il gelato... e soprattutto vino e birra a volontà, solo per gli altri a dire il vero perché io non ho mai bevuto né un calice di vino né un bicchiere di birra.

A quell'età ero già strano e introverso per certi aspetti. Una volta risposi ad Alessandro che non ero intenzionato a fare la fila per la prevista consumazione, soprattutto perché le bevande offerte nel locale non erano di mio gradimento. Lui con la gentilezza e la tipica spontaneità toscana mi disse: "Ma così fan tutti... Si entra in un locale, si ordina e poi si paga!". Invece dentro di me risuonava già allora questa voce: "Ma perché devo fare la fila, pagare e bere ciò che non mi va? Lo farei al contrario se mi pagassero per questo!".

Non ero adatto a certe atmosfere tipiche dei locali più alla moda. Forse già da ragazzino ero alla ricerca di qualcos'altro che all'epoca non riuscivo a comprendere nella sua

interezza (e non è che adesso sia andato molto distante...).
All'epoca avvertivo tanta inadeguatezza ovunque mi trovassi; solo in mezzo alla Natura, fatta di boschi e animali liberi, trovavo ispirazioni esistenziali e sensazioni di gioiosa leggerezza prendevano possesso di me.

Durante i nostri banchetti le varie portate erano servite "a vassoio" affinché potessero girare liberamente tra di noi e rafforzare in questo modo il legame amicale. Chi aveva poca fame mangiava il giusto e lasciava così la possibilità agli affamati di riempire i buchi nello stomaco. Era bello organizzare pranzi e cene fuori casa, un po' meno divertente era il momento della raccolta dei soldi per il conto, che non bastavano mai! Dovevamo sempre mettere di più rispetto al previsto; dinamica da me mai compresa del tutto. All'epoca il conto del ristorante era diviso per unità e non si considerava il numero delle portate che uno mangiava né del costo dei piatti scelti. Il prezzo finale era uguale per tutti: gioiva chi mangiava come un orso e piangeva chi assaggiava magari solo un contorno; questa comunque era la nostra epoca.

La celiachia, le intolleranze alimentari e i problemi di linea non erano da noi tenuti in grande considerazione. Si mangiava, si beveva e basta!

La condivisione del cibo era una pratica comune sia in casa sia fuori. E servire il cibo in contenitori comuni come vassoi e ciotole è anche una modalità moderna e apprezzata in alcuni ristoranti di grido dei giorni nostri. Per esempio, l'idea di offrire la pasta in un apposito vassoio al centro del tavolo mi piace; diventa anche un atto democratico, poiché gli ospiti possono servirsi secondo il loro reale bisogno. È una consuetudine, a mio avviso, capace di avvicinare i commensali tra loro.

Questo tipo di servizio è il marchio di fabbrica del Compartir, straordinario ristorante di Cadaqués, creato dai cuochi più talentuosi del mitico elBulli del grande Ferran Adrià. Dopo la chiusura del locale del cuoco catalano, i suoi più fidati allievi hanno deciso di aprire un nuovo ristorante nel quale il cibo viene servito in piatti o vassoi enormi in modo che mangiare possa divenire un momento di intima condivisione e partecipazione (appunto *compartir*). Anziché ricreare una cucina unica e straordinariamente creativa, i ragazzi dell'ex elBulli hanno preferito offrire le loro creazioni in modo rassicurante e con modalità innovative. Fin dall'inizio di questa nuova esperienza professionale, hanno cercato di far andare in parallelo le bontà della cucina spagnola con l'essenzialità del servizio.

Io e il mio amico Alessandro abbiamo passato tanti momenti felici e pieni di speranze, prima tra tutte il viaggio della vita, finora solo immaginato, in Perù. Molto spesso, soprattutto nella bella stagione, andavamo nelle colline modenesi dove lui ha una casa di famiglia. Tra le altre cose, ci facevamo delle grandi scorpacciate di crescentine, piccole piadine cotte in speciali formine di terracotta o di metallo. Si chiamano così perché la pasta da pane lievita durante la cottura prendendo la forma del contenitore dove sono state messe le palline di pasta ben calibrate. Sono comunque dell'avviso che le più buone tigelle, altro nome delle crescentine, siano in realtà preparate dalle donne che vivono sugli Appennini modenesi. Ancora ricordo il profumo della brace che si espandeva nelle sale delle trattorie di Sestola, di Acquaria e di altre piccole località sparse nel fondo valle.

Fu in questi paradisi che, ascoltando la radio in auto, venimmo a sapere della strage di Capaci in cui rimase ucciso il giudice Giovanni Falcone. Io e Alessandro cademmo in una sorta di disperazione e portare a termine il viaggio da Firenze a casa del mio amico fu molto faticoso. La violenza e la morte di persone per bene entrarono in modo improvviso nelle nostre vite. Eravamo coscienti degli accadimenti di quegli anni: Mani Pulite e delitti di mafia erano argomenti che trattavamo tutti i giorni. Quando l'Italia visse negli anni settanta il periodo del terrorismo ero troppo piccolo per ricordarlo, ma rammento benissimo il sequestro di Aldo Moro: la mia scuola, come tutte, cessò all'improvviso le attività didattiche, noi bambini fummo portati in un'area interna alla scuola ampia e senza sedie. Eravamo insieme ai maestri, come mai era successo prima, a parlare dell'accaduto. Lo sgomento era dipinto sul volto degli adulti e alcuni miei insegnanti avevano le orecchie incollate alle radioline.

Ma la vita deve continuare con le sue tante incertezze e con altrettante belle sorprese. I nostri interessi e la nostra spensieratezza erano senza confini; non si parlava di crisi economica e il nostro stile di vita era ancora abbastanza semplice e di certo non parsimonioso. Si studiava, si lavorava, si ballava e si mangiava. Semplice, ma era davvero così.

### La ricetta
### Piadine di farina semintegrale
### con burro alle mandorle

Ingredienti (per 4 persone)
Per le piadine: *100 g farina semintegrale; 45 g di acqua; un pizzico di cumino in polvere; 10 g di olio extravergine d'oliva; 2 g di sale integrale.*
Per il burro di mandorle: *200 g di anacardi al naturale; 100 g di mandorle pelate; 200 g di acqua o latte di mandorla al naturale; 20 g di olio extravergine d'oliva; 4 g di sale; erbe; scorze di limone; olio piccante.*

Mettere la farina in una bacinella di metallo e aggiungervi il sale e il cumino in polvere; miscelare con le mani per alcuni secondi. Unire i due liquidi tra loro e versarli sopra alla farina. Impastare con le mani per 5 minuti fino a ottenere un composto omogeneo ed elastico. Fare una palla e serrarla bene con la pellicola trasparente.

Farla riposare almeno 1 ora a temperatura ambiente.

Fare delle palline di 30 g cadauna e stenderle, con un matterello di legno, fino a creare dei dischi di pasta dallo spessore finissimo. Cuocere i dischi in una padella di ferro per rendere le nostre piadine colorate ed elastiche.

Una volta cotte, sovrapporle tra loro e coprirle con un panno di lino o di cotone.

Mettere la frutta secca in un cutter potente; aggiungervi il sale, le erbe e le scorze tritati finemente. Frullare alla massima velocità per alcuni secondi; unire tra loro i liquidi e versarli piano piano sulla frutta secca. Continuare a frullare fino a ottenere una consistenza omogenea e spumosa. Di tanto in tanto, staccare la purea di mandorle dai bordi del cestello del cutter. Trasferire il composto in una bacinella di metallo e correggerla con delle gocce di olio piccante. Conservare in frigo.

La piadina potrà essere servita al posto del pane oppure farcita e successivamente ripiegata con il burro alle mandorle.

*In omaggio al magnifico mondo della panificazione, ho deciso di proporre la mia versione della piadina all'olio d'oliva senza lievito. È una ricetta molto simile al chapati indiano, il mio "pane" preferito. Durante la cottura in padella (di ferro), consiglio di premere i bordi della pasta con un piccolo panno bagnato; in questo modo la nostra piadina si riempie, al centro, di bolle d'aria, tanto da renderla leggera e adatta anche a esser farcita con delle verdure, dei pesti di erbe profumate o del burro fatto con la frutta secca.*

# Studio, ragazze
# e scelta vegetariana

Fino al diploma di ragioneria rimasi nel capoluogo toscano più o meno ininterrottamente. Avevo provato a lavorare
in aziende legate al mondo dei motori: prima in un centro di
assistenza della Citroën, gestito da mio zio Luciano, successivamente in ditte commerciali fiorentine, esperienze che, tra
le altre cose, hanno avuto il merito di mettermi di fronte al
mondo delle relazioni umane.

In quegli anni cercavo di capire ciò che risiedeva nel mio
cuore, quali aspirazioni nutrire per il futuro e, di conseguenza, in quali aree investire le mie risorse psicofisiche.

Le giornate erano quindi occupate dal lavoro, dalle amicizie di sempre e dallo studio. Da tempo nelle mie letture erano
comparsi libri ricollegabili al *mare magnum* del benessere. Temi quali lo stile di vita, lo sport ma soprattutto l'alimentazione
erano materie che affrontavo quotidianamente con una spontanea curiosità. Il cibo divenne così materia di studio costante.

In particolare rimasi colpito dalla lettura di una biografia
di Buddha scritta da Leonardo Vittorio Arena. Nel testo si
raccontavano sia la vita del grande mistico sia le sue opere
rivolte verso il prossimo, inclusi il mondo delle cose e degli
animali, che Buddha considerava più dei compagni di viaggio che degli oggetti da sfruttare per gli scopi dell'uomo.

Buddha, che era vegetariano, consigliava questa alimentazione sia per perfezionare la propria etica sia per una questione salutistica. Anche grandi medici ayurvedici professa-
no una mistica simile al buddhismo in quanto capace di elevare i nostri talenti ai massimi livelli senza far troppo danno
a tutto ciò che ci sta attorno.

Subito avvertii grandi emozioni; la routine giornaliera, secondo la saggezza indiana, può aiutare a stare meglio non solo con noi stessi ma anche con il cosmo; in questa visione della vita i nostri orizzonti si allargano fino a sfiorare l'infinito. Cibarsi diventa un atto grazie al quale interagire in modo consapevole nella realtà da noi costruita.

Iniziarono per me le letture folli e disperatissime di testi di alimentazione naturale, vegetariana e ayurvedica in particolare. Sempre in quel periodo venni a conoscenza di un libro straordinario di cucina naturale, *Joia. Colori gusti e consistenze*, scritto da Pietro Leemann, un cuoco svizzero, che anni dopo divenne il mio maestro. Il fatto che anch'egli facesse spesso riferimento alle antiche tradizioni spirituali orientali che per definizione suggerivano un'alimentazione eticamente sostenibile (anche per le cose e gli animali) destò in me non poche sorprese.

Il libro di Leemann mi cambiò la vita, professionalmente parlando, un po' come mi era successo sul piano personale dopo aver divorato *Le Candide* di Voltaire, *Sadhana* e *Gitanjali* di Tagore, le Upanishad antiche e alcuni testi di Prabhupada. La filosofia orientale divenne utile non solo per motivi esistenziali ma anche per scopi utili a sbarcare il lunario e guadagnarsi così, come si dice, il piatto di lenticchie quotidiano.

Mi innamorai della cucina vegetariana e, nello specifico, di quella definita tecnicamente lacto-vegetariana perché realizzata con prodotti vegetali, latte e i suoi derivati. Leggevo e studiavo testi del settore scritti da cuochi, filosofi e nutrizionisti. All'inizio ci capivo poco, ma le letture fatte mi sarebbero state utili in futuro con i professionisti del cibo con i quali avrei cercato di far valere le mie competenze teoriche non ordinarie a fronte di una capacità pratica di cucinare pari allo zero!

Fu il momento della svolta; iniziai a collaborare con alcune cucine fiorentine che operavano nel volontariato. Dai Balcani arrivavano a Firenze centinaia e centinaia di richiedenti asilo e assistenza; nei loro occhi erano ancora vivi i ricordi degli orrori patiti e spesso vedevo in queste anime perse il desiderio e la ricerca di una nuova possibilità esistenziale. Ci chiedevano aiuto anche perché pativano sofferenze fisiche e morali; si vedeva subito che alcuni di loro ce l'avrebbero fatta grazie alla loro determinazione nonostante il fatto che avessero perso tutto: dagli affetti alle comodità materiali.

In quel periodo decisi di dedicarmi pienamente alla cucina; la scelta era fatta. Volevo diventare un cuoco vegetariano a tutto tondo e aprire, nell'arco di pochi anni, un agriturismo in Toscana, accogliente e capace di offrire il cibo da noi preparato sia agli ospiti della struttura sia agli esterni.

Già all'epoca amavo il Valdarno vicino Firenze. Reggello in particolare sarebbe stato il luogo adatto ad accogliere il mio progetto di vita. Qui si trovano boschi verdissimi, ruscelli cristallini e montagne tra le più alte della zona. Nei sentieri reggellesi che si inerpicano in modo sinuoso, come il dorso di un gigantesco serpente, ho trovato specie di animali diversissime tra loro, case diroccate abitate fino a un secolo fa e tanta naturale bellezza.

Nei miei pensieri c'era anche il vegetarianesimo; mi interrogavo su come trasformare queste urgenze biografiche in opportunità di lavoro. Con Katjusa, la mia ragazza, iniziammo a mangiare e cucinare in modo diverso; le verdure dell'orto presero il posto delle proteine animali consumate dai membri delle nostre rispettive famiglie. Leggevamo e mangiavamo con attenzione; eravamo profondamente convinti che con il cibo avremmo potuto fare qualcosa per noi e per i nostri amici animali. Katjusa amava i piccioni, quelli che volavano sopra i tetti antichi delle case fiorentine. Inorridivamo all'idea di mangiare un volatile o altri animali uccisi per mano dell'uomo.

Accettai quindi una proposta di lavoro proveniente da un'antica e famosa trattoria fiorentina. Salutai senza tanti rimpianti il vecchio Simone; cercai di fare pulizia nella mia vita; mi allontanai dalle vecchie certezze e mi tuffai nelle acque ignote di un nuovo mare pieno di onde pericolose ma molto attraenti.

Nel mio nuovo luogo di lavoro si cucinava ovviamente tanta carne rossa: al salto, alla griglia, stufata, fritta... Mi ripetevo di continuo che ero lì per imparare tutto, dalla gestione degli acquisti delle materie prime alla organizzazione della sala e della cucina. Per non offendere i miei compagni di lavoro, facevo finta di assaggiare la carne che mi veniva offerta e, fingendo dei colpi di tosse, sputavo, senza farmi vedere, il cibo messo in bocca in appositi "strappi di carta" che tenevo sempre in tasca e che poi buttavo nel sacco della spazzatura con regolarità durante il servizio.

I miei primi lavori erano bruschettare le fette di pane bianco, lavare e tornire le verdure e predisporre i vassoi dove sistemare gli antipasti locali. I fuochi erano distantissimi; i cuochi che li utilizzavano per cucinare non mi facevano avvicinare sia per la mia incompetenza sia per la loro aridità professionale. Fino a qualche decennio fa i cuochi dei ristoranti tradizionali erano ritenuti degli zar dal potere assoluto. Urlavano e imprecavano se tutto funzionava – per mantenere desti e concentrati i collaboratori, così mi dicevano – sia se le cose non andavano come previsto.

Troppo spesso, nelle cucine in cui ho lavorato, ho riscontrato urla e stress. Stando tante ore insieme in luoghi angusti, privi spesso di finestre, le diversità caratteriali creano delle divergenze operative di non facile gestione. Un cuoco pugliese, che si definiva infallibile sul lavoro, un giorno mi minacciò fisicamente; motivo di questa incontrollabile rabbia era che io non ero disposto a seguirlo nelle sue imprecazioni contro tutto e tutti.

Attraverso la cucina cercavo il dialogo con i miei colleghi di lavoro, provavo a parlare delle bellezze vegetariane anche a coloro che vedevano nella scelta vegetale più che un'opportunità un altro, tra i tanti, problema da gestire.

Il vegetarianesimo non era presente nei ristoranti tradizionali. L'oste, di fronte alle richieste dei vegetariani, rispondeva con formule fredde, superficiali e spesso anche piene di supponenza. Eravamo alla fine degli anni novanta e alla domanda: "Cosa possiamo mangiare noi vegetariani", il ristoratore di solito rispondeva offrendo bruschette al pomodoro, fagioli riscaldati all'olio, spaghetti al pomodoro e verdure grigliate. Avendo lavorato a lungo in tali realtà devo dire che di puro vegetariano c'era ben poco poiché il pane, come le verdure, venivano grigliate sui ferri dove normalmente veniva cotta la carne rossa, gli spaghetti erano cotti nell'acqua dove erano sbollentati pesci congelati come gamberi o scampi e così via.

Ero e mi sentivo molto solo; di solito me ne stavo negli angoli della cucina a fare lavori semplici, tuttavia i miei occhi osservavano le manovre dei miei colleghi e rimanevo stupito di fronte a volgarità di ogni genere. Mi dicevo: "Quando sarò io chef, non permetterò a nessuno di usare parole offensive sia nei confronti del prossimo sia nei confronti del Signore dell'Universo".

Nei momenti di riposo mi sdraiavo nei prati vicino a dove lavoravo e leggevo. Leggevo di tutto, dai testi di Schopenhauer ai libri di cucina naturale, dalle opere classiche della filosofia indiana alla cucina ayurvedica.

In uno di quei pomeriggi feci un'esperienza divertente e giocosa. Stavo leggendo un libro di aforismi del filosofo tedesco, quando accanto a me si sedette comodamente una cagnolona di nome Daphne. Mi alzai per vedere con chi andasse a passeggio, ma ero solo, non però come un cane, perché ne avevo uno vivo accanto. Di sicuro era di qualcuno poiché Daphne era gentile con me, ben spazzolata e con la pancia piena di cibo da poco consumato. Dopo alcuni minuti arrivò la sua padrona, una ragazza dall'aspetto statuario. Livia era nata da una famiglia italo-tedesca, e alla vista del libro di Schopenhauer si mise a ridere, abbandonò l'idioma fiorentino e iniziò a parlarmi con l'accento tedesco; da lì iniziò una storia bellissima a tre: Livia, io e Daphne.

Trascorrevo delle giornate molto belle e rigeneranti, sia per il corpo sia per lo spirito, nel parco dell'Anconella, alle porte della zona sud di Firenze. L'11 settembre 2001 mi trovavo lì, con le cuffie in testa, ad ascoltare la radio per cercare di capire le pazzie del mondo; nel servizio serale, in una trattoria della zona, non servimmo neanche un cliente, erano tutti davanti alla televisione, consapevoli che da lì a poco il mondo sarebbe completamente cambiato.

Alla trattoria Del Cigno cucinavamo piatti tipici fiorentini; lavoravamo molte ore al giorno con menu diversi tra pranzo e cena. Fu un'esperienza formativa molto importante, anche se le mie aspirazioni professionali all'epoca erano già ben chiare e rivolte nello specifico a un cibo il più possibile buono, bello, sano ed etico.

Il tempo passava tra lavoro e studio; nel tempo libero provavo a casa ricette nuove e innovative, tecniche di cottura. Non mancavano neanche le visite nei luoghi di ristorazione per me interessanti, come agriturismi vegetariani e ristoranti stellati.

Iniziai a frequentare master e corsi professionali sparsi nel Nord Italia. Tra i tanti, ricordo con piacere quello svoltosi nell'appena nata Scuola Internazionale di Cucina Italiana Alma di Colorno. Il mio insegnante era Pietro Leemann, che all'epoca cucinava ancora il pesce. Conoscevo tutto di lui, dalla carriera professionale ai suoi interessi personali; i miei compagni di studi erano cuochi di grande spessore come lo stellato Davide Tamburini, che adesso lavora in Sicilia, la terra più bella al mondo.

I corsi di Leemann erano viaggi culinari ed esistenziali; lui era unico nel trasmettere nuove destinazioni gastronomiche, leggerezza e valori etici. Per esempio, alcuni ingredienti erano scomposti e ricomposti con forme non convenzionali e cromature vivaci. Dell'originale non rimaneva che il sapore, come la bavarese di taleggio cotta al vapore e servita a forma di mattonella, insieme a delle verdure saltate e dell'olio del Garda. Anche il gelato al pomodoro e aneto fu una folgorazione: io e i miei compagni avevamo le lacrime agli occhi dalla gioia.

Tra gli studenti ero forse l'unico vegetariano e quindi deciso ad applicare al 100% le ricette ammirate a Colorno. Gli altri invece erano lì per migliorare la loro preparazione vegetariana; desideravano quindi solo inserire alcuni piatti vegetariani all'interno dei menu proposti dove lavoravano.

Io rimanevo incantato e morivo dalla voglia di far diventare più personale il rapporto professionale con colui che avevo scelto come maestro di cucina. Nel frattempo ero già diventato chef; lavoravo a un nuovo progetto fiorentino di cucina leggera e dalle marcate influenze vegetariane. Le mie proposte all'epoca – siamo nel 2003 – prendevano le mosse dal genio di Pietro e nella pratica si trasformavano in giochi culinari che ai fiorentini apparivano più che altro come verdi strastulli.

Ero alla ricerca del giusto modo di cucinare; avevo letto centinaia di opere di cuochi italiani e stranieri. La letteratura di cucina che più amavo era quella orientale, soprattutto cinese, e quella di Leemann. Sul mio comodino, al posto dei libri di filosofia adesso comparivano libri scritti da cuochi-monaci zen e buddhisti.

Il mio agriturismo si allontanava sempre più, perché anziché indirizzare la mia passione verso la cucina questa si impadroniva inesorabilmente della mia vita. Un antico adagio dice che se vuoi far morire dal ridere il Signore Supremo gli devi confidare i tuoi piani e i tuoi progetti di vita.

Mi sentivo pronto per uscire dalla rassicurante prospettiva toscana; volevo iniziare a girare il mondo e avevo deciso di iniziare con l'Irlanda, il Paese europeo che più amavo.

Prima dell'entrata in vigore dell'euro, avevo già fatto degli stage in locali dublinesi gestiti da famiglie italiane. La cucina era molto semplice e legata alle ricette italiane del passato, come saltimbocca alla romana, carbonara e pasta alle vongole. Tutto era ovviamente stracotto e stracondito in modo disordinato.

Ma io ero lì anche per l'amore che nutrivo verso la poesia e la letteratura irlandese; tutti i giorni leggevo W.B. Yeats, Oscar Wilde e sua madre Jane Francesca Elge, George Bernard Shaw, Jonathan Swift, James Joyce. E per essere ancora più irlandese uscivo con le ragazze del posto e ascoltavo solo gli U2. Il sabato pomeriggio me ne stavo lungo le rive del fiume Liffey a osservare le acque torbide e a pensare al mio futuro. Non era sempre facile lavorare e mantenere la mia natura vegetariana. Con la solita moderazione spiegavo la mia scelta e spesso venivo visto come un pericolo per le entrate del locale dove mi trovavo.

Lavorai anche in laboratori e ristoranti di Galway, la città irlandese per definizione, dove ancora si parla e si scrive in gaelico. Galway, che si affaccia sull'oceano Atlantico, è bellissima, la vita nella città è ancora a dimensione umana e la cucina locale si caratterizza per essere composta da ingredienti genuini e spesso biologici. A Galway entrai in contatto con cuochi italiani, spagnoli, francesi e irlandesi. Da loro appresi molto anche se, come da noi, nelle cucine si respirava un'aria carica di tensione. Nelle cucine, insomma, per certi aspetti tutto il mondo è paese e certe dinamiche conflittuali appartengono all'aspetto più grossolano dell'essere sociale.

La prima sera passata a Galway fu carica di sorprese: cucinai fino a tardi nella Quay, giocai con i cigni che nuotavano nel porto e vidi il sole perdersi nell'oceano infinito alle 23.00. Pensavo che il mio orologio fosse guasto e che l'ora che segnava il mio telefonino non fosse quella reale, mentre era reale quello che mi stava succedendo: ero felice di stare in Irlanda e di vivere delle emozioni nuove. La natura era bellissima: l'oceano, i prati verdissimi, le pecore dappertutto e i salmoni che saltavano controcorrente come dei folletti.

La natura in Irlanda era protetta dall'uomo, tranne che per i poveri animali, di mare e di terra, che finivano cucinati ai ferri. Ma il paradiso irlandese finì a causa della lievitazione dei costi di ristrutturazione della casa che nel frattempo avevo comprato nel Valdarno.

Per far fronte alla disonestà di alcune imprese, fui costretto a rientrare e a chiedere aiuto al benefattore di sempre, mio fratello Marco.

Di quel periodo conservo solo bei ricordi; credo di essere l'unico straniero a non aver bevuto neanche un bicchiere di birra locale, fatto ancor più curioso perché sono stato diverse volte a vedere la fabbrica della Guinness che si trova nel centro della capitale. Ero strano anche per l'Irlanda, come lo era il poeta Yeats che amava l'esoterismo e le liriche indiane. Fu proprio lui a introdurre in Occidente Rabindranath Tagore e a recensirlo tanto bene da consentirgli di ricevere il Nobel per la poesia nel 1913.

La cucina andava di pari passo alle letture, tra le due aree esisteva già un rapporto di reciprocità. Un brano toccante mi stimolava a creare ricette nuove e certi sapori sorprendenti mi predisponevano, con il giusto spirito, a nuove letture e approfondimenti.

La ricetta
Arrosto di verdure invernali
*(ricordo dell'Irlanda)*

Ingredienti (per 4 persone)
*200 g di carote; 200 g di rape bianche; 200 g di sedano rapa; 40 g di fioretto di mais; scorze di limone; pepe verde in grani; timo; yogurt di soia al naturale; erba cipollina.*

Pelare le verdure e tagliarle a cubi regolari; trasferirli
in una ciotola di metallo e condirli con la farina di mais,
le scorze di limone lasciate intere, una presa di pepe verde
e il timo lasciato a pezzetti. Finire con dell'olio extravergine
d'oliva e un pizzico di sale.
Trasferire il tutto su una placca antiaderente e infornare
a 185 °C per 16 minuti.
Allungare lo yogurt con delle gocce di olio extravergine
d'oliva, un pizzico di sale e l'erba cipollina tagliata
a rondelle.
Servire le verdure calde con accanto un cucchiaio di yogurt
di soia.

# Cucinare nel Chianti

Non vissi il rientro in Italia in maniera del tutto positiva; in Irlanda mi trovavo bene: lavoravo con cuochi provenienti dal tutto il mondo, studiavo poesia irlandese e uscivo con le ragazze dagli "zigomi rubizzi" per il consumo di birra. Pioveva spesso e il verde dipinto sui prati era la nota caratteristica di questa isola piena di meraviglie.

Nella mia piccola tana valdarnese avevo iniziato a creare ricette senza glutine e senza latticini. Ero diventato, a casa mia, un cuoco vegano che cucinava per sé le verdure dell'orto condite con le erbe toscane, legumi con l'acqua di cottura del tè e tante altre ricette naturali. Avevo cominciato anche la sperimentazione di ricette di dolci vegani; al posto del burro, per fare dei morbidi pan di Spagna, usavo oli saporiti come quello di sesamo o d'oliva. I risultati erano incoraggianti sul piano delle consistenze, ma lo erano molto meno per quanto riguardava i sapori e i colori. Il cibo vegano e attento alle allergie/intolleranze diventò il tema delle mie ricerche; la letteratura di riferimento per fare una buona e sana pasticceria vegana era, a mio avviso, adatta solo agli amatori.

Nelle cucine professionali mancavano quelli che, ai giorni nostri, sono chiamati "dolci della salute" e senza glutine perché tra gli addetti ai lavori non c'era ancora abbastanza attenzione per affrontare con serietà certi argomenti.

Un famoso critico gastronomico italiano pochi anni fa, in occasione dell'uscita del mio libro sulla pasticceria della salute, mi disse che il dolce, alla fine del pasto, deve solo essere buono e trasgressivo. Tale conclusione sembra andar d'accordo con una famosa frase del grande cuoco francese Paul Bocuse che all'incirca dice: "Io mi occupo, quando cucino, di far star bene gli ospiti dei miei locali... Della loro salute invece se ne devono occupare i loro medici...".

Già allora mi chiedevo se fosse giusto cucinare cibi poco leggeri e sottoposti a trattamenti poco naturali come lunghe cotture, sottovuoto con atmosfere modificate, abuso della chimica per scopi meramente estetici ecc...

A casa cercavo la leggerezza e l'essenzialità: usavo l'olio fatto da mio padre e raccolto nei nostri campi sopra Scandicci; abbandonai la panna, il burro e i formaggi a lungo stagionati di cui ero ghiottissimo e iniziai a cucinare i cereali in chicco al posto della pasta e a preferire grani semintegrali e quindi a limitare il consumo di quelli sbiancati dalle industrie del cibo.

Negli anni intorno al 2002-2003 in edicola si trovava una bella rivista di cucina e benessere: "Mangiar sano e naturale". La chef Licia Cagnoni si occupava di sviluppare, in modo semplice e sano, anche la cucina vegetariana. Creava per la rivista anche ricette legate al mondo vegano per le quali utilizzava ingredienti allora poco diffusi, come la quinoa e l'amaranto, e sosteneva il consumo di ingredienti biologici, freschi, locali e di stagione.

Lavoravo nella cucina del ristorante di Cavriglia e sperimentavo a casa le cose buone e belle promosse nella mia rivista preferita.

Per molte ricette che proponevo all'epoca presi spunto più o meno esplicitamente dalle manovre parmensi. Ero loro talmente grato che mi proposi come un loro fedele seguace culinario e, come conseguenza della mia sfacciataggine, fui invitato nella loro redazione a fare un servizio fotografico, il primo fino a quel momento. Insieme a Simone Rugiati, che aveva preso il posto di Licia, realizzammo due ricette vegetariane: Tortelli di farro ripieni di borragine e Sformatino di fagioli zolfini alle erbe.

Per la prima volta, quindi, mi misi in mostra in una rivista del settore; ero stato definito un giovane di talento che si occupava di cucina vegetariana. Le mie ricette iniziavano a indirizzarsi verso la freschezza e la salute. Nel ristorante dove lavoravo la vera sperimentazione era rivolta, dal sottoscritto, solo al mondo vegetale. I miei colleghi invece si occupavano delle altre cose: carne, pesce e uova.

Lavorando nel Chianti aretino iniziai a creare delle ricette vegetariane "rassicuranti" con ingredienti della zona: farro, cavolo nero, cannellini, e per "rassicurante" intendo quelle proposte che si rifacevano in modo chiaro alle tradizioni locali.

Per imparare a fare il *seitan* – la carne vegetale ottenuta dal glutine – andai da un bravo pastaio chiantigiano il quale lavorava da anni con semole ricavate dai grani antichi della zona. Rimasi colpito dalla sua dedizione al lavoro e dalle sue competenze tecniche. Con dei macchinari tedeschi degli anni cinquanta, perfettamente funzionanti, produceva pasta di grano duro molto saporita che, una volta servita, teneva molto bene la cottura.

Mi permise di entrare nella camera di essiccazione della pasta, il *sancta sanctorum* dell'intera produzione. Il sapore della pasta, una volta cotta, secondo lui dipendeva in gran parte dalla modalità con la quale era stata essiccata. Mi fece notare che sulle pareti interne della cella si erano formate delle masse muffogene che avevano il pregio di ingentilire e caratterizzare la pasta con sfumature gustative particolari e non riproducibili attraverso i metodi convenzionali. Ovviamente e onestamente aggiunse che tali "segreti" non erano accettati dagli organi di controllo e lui si disse pronto a eliminarli nel caso in cui si fossero creati dei problemi igienici al riguardo. Entrambi dicevamo che le muffe sono all'origine di farmaci salvavita e di cibi straordinari come i formaggi stagionati, il *tempeh* (un alimento fermentato, ricavato dai semi di soia gialla) ecc…

Grazie al *seitan* fatto da noi, mettemmo sul menu alcuni piatti vegani: ragù di *seitan*, che alcuni clienti confondevano con quello classico, bocconcini di *seitan* al vino rosso, cucinati secondo la ricetta toscana "alla fornacina", e così via. La mia missione era cucinare cibi vegetali, ormai in me questo era chiarissimo, perché sentivo decisamente che questa era l'unica professione che potevo svolgere al fine di rallegrare il mio spirito e offrire, attraverso il cibo, la gioia e la salute.

Sempre dalle buone farine decisi di far nascere la mia pasta madre per preparare il pane. Con il libro di Leemann sotto gli occhi, nell'arco di otto giorni, il tempo per la sua completa maturazione, creai la pasta madre utilizzando solo tre ingredienti: farina di segale, purea di mela e acqua di sorgente. La pasta madre è misteriosa ed esoterica; la sua produzione non sempre riesce a puntino perché le variabili sono troppe: qualità delle farine e dell'acqua, carica batterica presente nell'aria, maturazione della mela ecc...

A volte si ossigena per giorni e giorni il composto iniziale, ma la pasta madre non nasce; diviene invece una massa scura e molto acida. Quando succede così è meglio donarla alla natura e ripartire con nuovi ingredienti. In passato il pane era fatto solo con questo tipo di lievito, non esistevano ovviamente né i lieviti compressi né quelli chimici. Di solito veniva fatto, nei villaggi, una volta alla settimana e cotto nei forni a legna che servivano per diversi clan familiari.

Al pane si rifanno due bellissime vicende tratte dai *Fioretti* di san Francesco che porto sempre con me.

La prima vede come protagonista il nostro santo che a un certo punto decise di ritirarsi in solitudine in un'isola del Trasimeno allo scopo di contemplare le bellezze eterne e immutabili del mondo spirituale. Accompagnato da un suo fedele seguace fino alla riva dell'isola, portò con sé solo due pagnotte di pane nero. Per quaranta giorni san Francesco digiunò e per riverenza verso il digiuno di Gesù nel deserto, prima di farsi tornare a prendere decise di dare due morsi a una pagnotta per cacciare da sé il pericolo della vanagloria.

La seconda storia illumina la vita di santa Chiara, l'amica del cuore di san Francesco. Già in vita la santa era stimata e venerata dalla moltitudine delle genti: anche sua madre e sua sorella divennero nel tempo ricercatrici del Vero. Un giorno su ordine esplicito del papa, che si trovava nelle terre umbre e che ammirava la sua fervente volontà, chiese a Chiara di benedire con le mani delle pagnotte che stavano per essere messe in forno. Una volta cotte come per disegno divino sulla loro crosta apparvero delle croci perfette, segno della purezza e del cibo e dell'animo incorrotto della nostra santa.

Nel laboratorio-ristorante il magnifico mondo della soia spalancava le sue porte verso di me. Le letture quotidiane e la sperimentazione nella cucina di Cavriglia mi portarono a curiosare in direzione della tradizione alimentare della Cina.

La soia gialla, quella comunemente intesa, è la base di molte sorprese orientali: latte di soia, *tofu*, salsa di soia, *tempeh*, *natto*, *miso*, *yuba*, *okara* ecc... sono solo alcuni dei derivati di questo straordinario fagiolo. Essendo un legume, la soia è adatta anche alle persone cosiddette *gluten sensitive*, è molto ricca di proteine e i suoi derivati possono essere utili per creare delle ricette in sostituzione sia della carne sia del pesce.

La pianta della soia ha grandi capacità adattive e viene coltivata in modo estensivo sia in Oriente sia in America Latina. Purtroppo gran parte della sua produzione è destinata al foraggiamento, inoltre la soia rimane il vegetale più trattato al mondo. Meglio quindi scegliere la soia biologica o biodinamica prodotta nelle campagne italiane: Veneto, Lombardia, Emilia Romagna *in primis*.

All'epoca la cucinavo come tutti gli altri legumi: in umido, al salto con le erbe toscane e in altri modi, solo anni dopo ho approfondito la sua trasformazione, prima in India, dove viene consumata in mille modi diversi, e poi al Joia di Milano.

Nel frattempo dedicavo sempre più tempo allo studio delle specifiche nutrizionali presenti negli ingredienti delle nostre terre e iniziavo a chiedermi come mai i cuochi famosi non cucinassero cibi sani... Perché solo il grande Leemann si preoccupava di presentare cibi buoni, sani e belli?

Ma la salute non viene prima di tutto?

## La ricetta
## Pane integrale ai semi di lino

Ingredienti
*180 g di pasta madre; 320 g di acqua; 400 g di farina semintegrale tipo 0; 60 g di farina integrale; 40 g di farina di grano saraceno; 40 g di farina di mais; 10 g di sale; 40 g di semi di lino.*

In una bacinella mettere le farine insieme al sale e i semi di lino macinati in precedenza in modo grossolano. Miscelare gli ingredienti con le mani.
Unire l'acqua alla pasta madre e miscelare con una frusta fino a ottenere un composto omogeneo. Versare la parte liquida sulle farine e impastare con le mani per 5 minuti. Formare una palla e rivestirla con la pellicola. Lasciare riposare l'impasto per alcune ore a temperatura ambiente. Trasferire l'impasto nello stampo (26 x 10 cm) rivestito con carta da forno, coprire con un panno umido e far lievitare la pasta fino al raddoppio del suo volume. Cuocere in forno a 170 °C per 40 minuti.
Per una migliore cottura consiglio di mettere nel forno una ciotolina di acqua, così il pane rimane all'interno soffice e non si secca troppo all'esterno.

# Elena e la cucina africana

Durante il periodo di volontariato legato alla guerra dei Balcani, in cui ebbi le mie prime esperienze in cucina, ebbi la fortuna di conoscere persone buone, gentili e fuori dell'ordinario. La domenica cucinavamo per oltre cento disperati cui garantivamo anche una doccia calda e degli abiti puliti. Cristiani, musulmani, buddhisti e hindu si sedevano allo stesso tavolo a mangiare il cibo che preparavamo grazie anche alla generosità di alcune aziende molto rinomate nel settore della grande distribuzione che ci mettevano a disposizione le loro eccedenze di magazzino.

Al comando della squadra di volontari c'era Elena, un'intelligente ragazza mugellana che, all'età di diciotto anni, aveva deciso di lasciare i tanti beni di famiglia allo scopo di seguire le ragioni dello spirito. Aveva preso i voti come suora francescana e con tale predisposizione gestiva sia la mensa sia il centro di accoglienza situato in via Aretina a Firenze.

Dopo alcuni anni di attività con Elena ci perdemmo di vista perché lei aveva deciso di trasferirsi nella Repubblica Centrafricana ad assistere le popolazioni indigene e vivere di cose semplici.

Un giorno, una mia amica di Cavriglia mi disse che all'interno della canonica dove si trovava il ristorante da me condotto, viveva una ragazza di nome Elena che era stata suora fino a pochi anni prima. Il mio cuore iniziò a battere come un tamburo per la gioia di rincontrarla e di riascoltare i suoi mille racconti del cuore. Fu un'emozione bellissima vederla con i capelli corti e vestita con camicia e pantaloni colorati.

Elena è una ragazza dotata di fine intelligenza, disciplina ed eleganza, forse in parte ereditata dalla sua famiglia d'origine.

Iniziammo a rivederci, a fare viaggi insieme e a raccontarci le esperienze fatte negli ultimi tempi.

Elena era stata colpita dalle bellezze africane e un po' meno impressionata dalla condotta dalle sue consorelle. Non sopportava i privilegi e le scorciatoie di tutti i tipi cui potevano accedere i bianchi e i religiosi. Dopo quasi vent'anni, aveva deciso di abbandonare gli abiti sacri e di uscire dall'ordine francescano.

Io ovviamente non avevo da raccontarle storie altrettanto belle e affascinanti, le mie confessioni al massimo si riferivano ai minuti di cottura dell'ultimo soufflè al cioccolato cotto al vapore. Lei mi confidava che in Africa aveva assistito donne e uomini veri con le loro ricchezze umane e le loro povertà materiali.

Ero stanco di cucinare nel Chianti; mi alzavo la mattina per andare a lavorare, studiavo e leggevo soprattutto per fuggire altrove... E poi c'era Elena, solo in piccola parte poiché trascorrevo con lei poco tempo.

Così decidemmo di fare un viaggio in Africa e scegliemmo di andare in Burkina Faso, forse il Paese più povero di quel continente. Iniziai quindi a prepararmi al mio primo viaggio fuori dall'Europa, fino al quel momento il viaggio della vita. Scegliendo l'Africa, era come se io ed Elena cercassimo delle buone ragioni per vivere una vita piena di umanità e, allo stesso tempo, lontana dai lustrini e dalle cose che fanno tutti in automatico. Parlare e agire per slogan non ci era mai piaciuto, l'Africa era una nostra risposta alle tante urgenze provenienti dal profondo delle nostre personalità.

Prima di partire lessi libri di cucina africana e di storia del Continente Nero. Decidemmo di fare un'esperienza di volontariato presso una struttura cattolica che si occupava di accogliere i bambini e le donne burkinabè in difficoltà.

Elena si sarebbe occupata della didattica e io della gestione della cucina. Avevo portato con me dei testi sacri hindu scritti in inglese e degli abiti di lino e di cotone, che alla fine del soggiorno regalai ai miei amici africani.

Fu un viaggio bellissimo sul piano umano; incontrammo capi villaggio sposati con quattro o cinque mogli, sciamani ricoperti di piume e di gingilli di metallo che suonavano a ogni passo, venditori di strada che vendevano ai clienti una sola patata o una sola sigaretta e tante altre cose lontanissime dal nostro mondo.

Abitavamo a circa 20 chilometri dalla capitale. Avevamo acqua corrente nel bagno e luce nelle stanze del nostro piccolo appartamento. Molte famiglie del posto invece non avevano una casa, si radunavano sotto gli alberi più grandi in modo da proteggersi dal sole cocente, dalla rara pioggia e dagli animali selvatici. Chi aveva una casa di metallo era ritenuto fortunato, anche se priva di acqua potabile e di corrente elettrica.

La nostra vita era regolata dai cicli circadiani. Ci alzavamo presto, prima del sorgere del sole, sbrigavamo le faccende di casa e iniziavamo subito a lavorare oppure a volte andavamo in giro a scoprire le bellezze rimaste del Burkina Faso, un Paese poverissimo, colonizzato dai francesi alla fine dell'Ottocento, i quali in eredità, dopo aver concesso l'indipendenza, hanno lasciato forse solo la lingua e qualche luogo di culto in stile europeo.

Le verdure non mancavano nella nostra tenuta, protetta da mura alte e ben curate: melanzane, carote, fagiolini, mais bianco e giallo. Non fu facile per me spiegare la scelta vegetariana, anche perché per i nostri amici del posto il cibo "nobile", così lo definivano, doveva essere di origine animale: capra, pollo e faraona, che per loro erano alimenti di qualità superiore.

Una mattina mentre cucinavo, mi venne incontro una giovane donna che operava nella struttura come tata di tutti i bambini dell'asilo e che si era rifugiata nella struttura gestita dalle nostre suore per sfuggire a un marito violento e malato. In cambio della protezione ricevuta, svolgeva le mansioni più umili come pulire le camerette dove dormivano i piccoli. Per lei uccidere gli animali da cucinare era come per me pelare una carota, quindi quando mi venne vicino con due belle faraone ruspanti e piene di piume aveva le lacrime agli occhi dalla gioia di condividere con noi i due tesori dell'aia. Legò le zampe dei due animali e li mise ai miei piedi vicino alla stufa a legna dove cucinavo e andò di corsa a continuare le sue faccende.

Io rimasi, come si direbbe a Firenze, come un bischero; nelle pentole avevo messo a bollire verdure di tutti i tipi, cereali e legumi. Per me quella era la vera cucina africana, invece sia per le suore sia per i ragazzini ospitati mangiare carne era quasi un rito religioso. La cucina che io preparavo lì era un'elaborazione dei miei "verdi" ideali più che una copia dell'originale. Secondo loro non si poteva astenersi dal mangiare carne. Le faraone mi guardavano fisso negli occhi e io ero in difficoltà; Elena venne in mio soccorso e mi consigliò di parlare con le suore allo scopo di chiarire le mie posizioni ormai radicate da anni. Quella sera le faraone rimasero lì per terra; ogni tanto si muovevano a testa in giù e il rumore prodotto dai loro movimenti mi faceva star male. Erano due animali bellissimi che sino a qualche ora prima erano vissuti tra le piante e i bambini da noi accuditi.

La cucina africana era molto influenzata dalla cultura francese: per esempio, molte ricette vegetali erano servite in puree, i cereali non venivano trasformati in pasta ma consumati in chicchi, come il miglio, il sorgo e il mais bianco.

Amavo mangiare il cibo raccolto da noi e cucinato solo con il fuoco generato dagli arbusti (preziosi come l'oro) e le pentole di ghisa o di terracotta. L'olio di semi era l'unico grasso disponibile; c'erano anche delle spezie locali che assomigliavano al sedano selvatico. Grazie al loro utilizzo, le melanzane cotte in pentola assumevano un sapore esotico, le carote glassate diventavano una leccornia e anche il latte "sapeva" di Africa.

Alle nostre preparazioni salate venivano aggiunte erbe profumate, in particolare mi ricordo un'erba spontanea che cresce nella selva dalle piccole foglie verdi che i burkinabè utilizzano per fare delle tisane antimalariche. Fin dal primo giorno ci avevano detto che la malaria ci avrebbe potuto colpire: in quel caso, anziché andare negli ospedali della capitale, sarebbe stato più efficace stare nei nostri letti e bere di continuo queste tisane amarissime prodotte dall'erba miracolosa.

Per entrare in Burkina Faso occorre proteggersi con una profilassi lunga e impegnativa per il nostro fegato. Elena e io eravamo schermati contro alcune malattie mortali ma non per la malaria. Dall'Italia ci arrivavano consigli su come difenderci dalla malattia che aveva ucciso anche il grande ciclista Fausto Coppi: medici e religiosi ci dicevano di indossare abiti lunghi e tenere pezzuole in testa. Se io guardo le foto scattate all'epoca mi rivedo sempre nudo, tranne pantaloncini e grembiule, a cucinare e a giocare a pallone con i ragazzi del posto. Per molte ore al giorno il caldo africano era insopportabile e l'unica soluzione era stare il più svestiti possibile o rinchiusi in casa con i ventilatori sul soffitto accesi.

Elena e io non prendemmo nemmeno una malattia, anzi, io atterrai in Africa con febbre e tosse da stress poiché avevo lavorato molte ore al giorno nelle settimane precedenti alla partenza, pur di mettere in ordine e in sicurezza il mio ristorante, ma alla vista delle condizioni in cui vivevano gli abitanti del Burkina tutti i miei malesseri sparirono. Sull'aereo poco prima di atterrare dissi a Elena di avvisare le suore che avrei desiderato stare qualche giorno a letto a riposarmi e, invece, poche ore dopo il mio arrivo ero bello pimpante come un monello. Elena notò il mio nuovo stato di salute e concordammo sul fatto che la cura miracolosa era dovuta alla nuova prospettiva con cui vedevo me stesso e il mondo attorno.

Non potevo stare sotto le coperte a guardarmi l'ombelico, quindi la mia mente, più o meno inconsapevolmente, aveva mandato messaggi precisi al mio corpo affinché non continuasse ad affliggermi con le malattie psicosomatiche come la tosse e la febbre. D'un colpo i malesseri furono scaricati nell'aereo che mi portò in Africa e chissà dove andarono visto che l'aereo proseguì il suo viaggio nell'Africa equatoriale.

Tutti i cibi che mangiavamo erano stracotti per scongiurare pericolose diarree, che spesso possono indebolire così tanto da portare alla morte gli stessi africani. Un giorno andammo a mangiare a casa di un politico nazionale che aveva studiato anche in Paesi di lingua inglese, con il quale pertanto fu più facile conversare; dopo esserci messi a sedere, portarono a me e a Elena, che nel frattempo era diventata sensibile al mondo vegetariano, polli, faraone, montoni cotti in tutti i modi e con mille salse di contrasto.

Di nuovo ci trovavamo davanti a cibi non adatti alle nostre scelte. Ritirai fuori i miei fazzoletti e, fingendo di avere una tosse cronica sputavo, senza farmi vedere, i boli di carne appena messi in bocca. Alla fine riuscii a mangiare per loro e a non mangiare per me. Anche lo stomaco di Elena brontolava; di conseguenza ci mangiammo insalate di verdure crude composte da lattuga, pomodori ed erbe di campo. Eravamo felici e appagati dalla verde e "istituzionale" scorpacciata. Ma il giorno dopo i nostri intestini ci rammentarono la nostra ingenuità. Eravamo in visita nella villa con zoo del presidente della Repubblica, quando la mia compagna di viaggio iniziò prima a sudare in modo evidente e poi a vomitare senza controllo sui prati presidenziali. Io invece iniziai a star male, come non mi era mai successo prima, alcune ore dopo. Elena e io dividevamo il letto e il bagno. Per non aggravare la situazione attinsi alla leggerezza fiorentina e cominciai a parlare di tutto; insomma, nonostante i disagi continui, provocati dalla contaminazione alimentare, ridevamo di noi stessi e delle nostre infinite contraddizioni.

In Africa ho imparato a cucinare "senza". Al posto dell'olio usavo spesso l'acqua bollente e in sostituzione delle spezie e del sale mettevo le erbe spontanee.

Come strumenti di lavoro usavo sovente dei rami staccati dai pochi alberi cresciuti dentro la struttura e per la loro tornitura mi facevo aiutare dai ragazzini, che erano abilissimi sia nell'uso delle falcette da legno sia nel tirare con le fionde, fatte con i fascioni dei camion. Dicevo loro, di continuo, di non mirare agli uccelli appollaiati sui manghi, ma di puntare agli oggetti posti sui muretti come lattine e bottiglie di plastica. Non riuscii ovviamente a convertirli all'ideale vegetariano, ma tra di noi si instaurò un rapporto bellissimo fatto di cose semplici come lo scambio di gesti affettuosi, abbracci e tante carezze. Molti di questi bambini erano sieropositivi, altri avevano le gambe divorate dalla scabbia o da altre malattie pericolose. Mi raccontarono che, prima del nostro arrivo, un volontario italiano non ce la fece a reggere tali visioni e il giorno stesso del suo arrivo decise di rifare le valigie per ritornare nella rassicurante, per lui, Italia.

L'Africa è anche questo: ci mette di fronte alle nostre paure più o meno consapevoli. Anch'io ne avevo molte, ma non potevo non abbracciare questi bambini che mi prendevano in giro perché avevo la pelle bianca e i peli sul petto.

Tale esperienza mi ha aiutato su tutti i fronti; per esempio in cucina, a gestire con leggerezza dinamiche pesanti per definizione. Solo per fare un esempio, soprattutto durante le manifestazioni internazionali, alcuni *top chef* hanno pretese che definirei bizzarre, come utilizzare il filetto per preparare il brodo di carne e poi buttarlo senza riutilizzarlo. Quando vedo questi scenari legati allo spreco degli alimenti, penso all'esperienza africana e alle persone che lì ho conosciuto. Stare nelle cucine con pochi strumenti professionali o ti scoraggia o ti stimola a trovare soluzioni non convenzionali, come creare forchettoni per girare le verdure in pentola: rami di alberi secchi o pezzi di ferro o di vetro.

Sempre in Africa, per allietare l'animo delle suore, ho cucinato le migliori pizze della mia vita. Nel convento delle suore in Ouagadougou abbiamo fatto degli impasti per la pizza con le farine ottenute dai grani antichi africani, povere di glutine. Per far lievitare l'impasto dovevamo aspettare a lungo, ma le pizze, una volta cotte, erano buonissime, proprio grazie all'uso di ingredienti locali genuini.

L'esperienza africana rivive in me ogni giorno e penso spesso che quei bambini da noi accuditi adesso saranno quasi adulti. Auguro loro le cose più belle, di sviluppare al massimo livello il loro potenziale umano e che possano viaggiare nel mondo come ambasciatori della semplicità e del sorriso.

## La ricetta
## Melanzane bollite leggermente piccanti

Ingredienti (per 4 persone)
*3 l di acqua; 2 melanzane dalla buccia scura; fette di pane nero tostate; scorza di limone; semi di cumino; foglie di alloro; olio piccante; 30 g di sale.*

Mettere sul fuoco una pentola con l'acqua, il sale e le foglie di alloro. Pelare le melanzane e tagliarle a fette regolari. Quando l'acqua bolle unirvi le fette di melanzana

e cuocerle per 12 minuti a fuoco sostenuto. Scolarle
e tritarle al coltello fino a ottenere una purea liscia; unirvi
delle gocce di olio piccante, le scorze tritate e un pizzico
di semi di cumino. Aggiustare di sale se necessario.
Servire la purea di melanzane con accanto delle chips
di pane nero.

# E poi ci sono persone speciali...
# Omaggio al mio eterno
# insegnante

Avrò avuto quindici o sedici anni; insieme ai miei compagni di avventure scandiccesi stavamo ore e ore a giocare in mezzo alle strade e ai campi vicino alla casa del comandante del gruppo, il "Sommo Presidente Alessandro".

Alla radio in quegli anni ascoltavamo musica rock internazionale, sfoghi violenti e senza censura trasmessi da Radio Radicale e voci esotiche che parlavano di questioni dello spirito legate alla tradizione indiana. A San Casciano, vicino a Firenze, da alcuni anni si era insediata una comunità di ricercatori spirituali che si rifacevano agli eterni insegnamenti della tradizione monoteistica indiana vaishnava. L'antica cultura vedica, riconosciuta dall'Unesco patrimonio culturale dell'intera umanità, metteva piede in Toscana e, nello specifico, prendeva dimora presso una meravigliosa villa situata nelle colline chiantigiane, abitata anche dal Machiavelli durante il suo esilio da Firenze agli inizi del Cinquecento.

I monaci vaishnava, comunemente definiti Hare Krishna, si occupavano di questioni legate sia allo spirito sia al corpo. Oltre alle normali attività liturgiche, nella splendida residenza, si tenevano conferenze, seminari e corsi di tutti i tipi, anche di cucina vegetariana.

E soprattutto vi era una radio fantastica: Radio Krishna Centrale (RKC). Una delle trasmissioni che seguivo con maggior interesse era legata alle ricette di cucina ayurvedica. I cuochi, oltre a descrivere i passaggi legati alle ricette, si soffermavano lungamente sugli aspetti sacrali del cibo, che secondo il mondo hindu, deve essere prima di tutto vegetariano, sano e legato anche al territorio in cui viviamo.

Fu grazie a una trasmissione sulla cultura indiana che sentii per la prima volta la voce di quello che sarebbe poi diventato il mio insegnante di vita, il professor Marco Ferrini. Ero un adolescente irrequieto, molto curioso e desideroso di comprendere nel profondo tante questioni che riguardavano il mondo interiore. Ferrini era bravissimo a dare definizioni di altissimo valore teologico con parole comprensibili a tutti. Segno di un alto livello di realizzazione delle verità eterne che si ritrovano-in tutte le Tradizioni con la T maiuscola, autentiche; compresa quella a noi più vicina: il cristianesimo.

È stato grazie alle sue parole gentili e riguardose che negli anni il mio rispetto verso san Francesco e altri santi della tradizione cattolica è cresciuto sempre più, tanto da arrivare a chiamarli in aiuto nelle mie preghiere quotidiane.

All'inizio capivo poco o niente, ma un po' per le trasmissioni di cucina vegetariana, un po' per le musiche esotiche e un po' per le parole confortanti pronunciate da Matsyavatara (nome spirituale assunto da Ferrini), la mia curiosità verso il mondo della mistica indiana prese a crescere. In Oriente si dice che, grazie al processo di reincarnazione, si possono sviluppare, fin dai primi anni di età, interessi particolari come la ricerca spirituale, il bisogno di stare a contatto con le cose belle della natura e naturalmente ridere delle cose inutili che sempre di più fanno perdere il giusto sentiero della vita. Forse in un'esistenza passata ero stato un devoto hindu, poiché nutrivo nei confronti di questa filosofia indiana un'attrazione direi naturale...

Nel monastero dei miei amici vaishnava, devoti del Signore Supremo Vishnu, c'era una cucina enorme e rustica capace di servire quotidianamente fino a 300 residenti. La colazione, il pranzo e la cena venivano preparati in questo luogo magico, pieno di immagini sacre del mondo indiano; in sottofondo si udivano i canti devozionali, definiti tecnicamente *bhakti songs*: canti d'amore verso il divino.

Iniziai a cucinare, nelle giornate libere, insieme ai cuochi monaci. Il responsabile della comunità, sapendo che facevo il cuoco, mi chiese di aiutarli a sviluppare delle ricette sane, fresche e con prodotti tipici del territorio. La cucina diventava così un luogo di predica e di formazione culinaria; finalmente riuscivo a cucinare e a calmare al tempo stesso la mia intima inquietudine; mi sentivo come a casa e soddisfatto, perché finalmente, attraverso il cucinare, trascorrevo molto tempo con persone devote dalla cultura profonda. Con loro parlavo di tutto: dai problemi del cuore alle aspirazioni professionali, passando dalle ragioni dello spirito. Quanto era lontano il Simone cuoco che lavorava in locali dove venivano serviti quasi esclusivamente carne e pesce!

Centinaia di *chapati*, piccole piadine fatte con la farina semintegrale, venivano preparate dai monaci con una precisione "svizzera" utilizzando solo strumenti naturali: mattarello di legno, padella di ferro e un tavolo di lavoro in marmo. Io mi divertivo da matti, potevo donare loro le mie competenze professionali e ricevevo in cambio tante informazioni ayurvediche e soprattutto imparavo a cucinare con una nuova consapevolezza. Durante le fasi di lavorazione era proibito assaggiare il cibo e solo con lo sguardo dovevamo decidere quanto sale aggiungere e decidevamo sul grado di cottura solo con il tatto.

In questo magnifico laboratorio imparai a fare il riso cotto all'indiana: basmati, acqua, sale e spezie. Il riso è migliore se ha almeno due anni di vita. Se è troppo giovane non ha carattere, se invece ha più di tre anni il riso basmati, secondo un detto pakistano, non è più soavemente profumato.

Il riso era l'ingrediente principale di ogni evento da organizzare. A colazione veniva stracotto insieme alla panna, allo zafferano, alle spezie e allo zucchero di canna fino a raggiungere una consistenza mielosa e un sapore straordinario. A pranzo, invece, il basmati era cotto con la curcuma e le verdure di stagione; il colore del piatto viene definito "gauranga" perché assomiglia alla cromatura del metallo prezioso per definizione. Infine, la sera, il riso veniva fatto bollire con verdure e legumi in modo da fornire un patrimonio nutritivo completo. Il nome di questa ricetta è *kitchari*: forse il mio piatto preferito, se condito alla fine con coriandolo fresco e gocce di olio d'oliva delicato e piccante.

Le nostre divise dovevano essere sempre impeccabili e le ragazze spesso venivano in cucina truccatissime, secondo la moda vaishnava: in questo modo si omaggiava il luogo sacro della cucina.

Come scrive Terzani, le cucine vegetariane in India sono luoghi particolari dove si lavora e si intonano canti devozionali in modo da elevare gli animi di chi cucina. E io lo posso confermare ben due volte: sia per l'esperienza decennale nelle cucine dei templi hindu in Italia sia per le visite compiute nei luoghi di culto in India.

Tutto quello che cucinavamo era davvero buono e ricco di sapori esotici; solo per le verdure nutrivo alcune perplessità, perché secondo me le verdure nella tradizione della cucina indiana sono cotte troppo a lungo, un po' come facevano le nostre nonne: il *sabji*, lo stufato di vegetali, spesso era presentato in modo da non riuscire più a identificare le verdure di cui era composto; le carote cotte e ricotte così si univano alle patate sfatte e ai fiori di cavolfiore ridotti in purea, mentre, secondo l'ayurveda, è importante rispettare le cotture delle verdure in modo da preservarne il più possibile le vitamine, fibre e minerali.

I dolci erano la mia passione; insieme a Ragubir, un cuoco monaco di Roma, creammo delle creme di nocciole senza latticini dal sapore pulito e deciso. L'ingrediente segreto per questa crema era prima di tutto l'amore verso il cibo e il rispetto verso il Tutto, che in cucina vuol dire ingredienti.

Per fare un esempio, in cucina utilizzavamo le foglie e le cimette di cavolfiore, finemente tornite, cotte in acqua o in olio. Il gambo e le parti non edibili erano divise tra il compost, situato a poche centinaia di metri dalla cucina, e le mucche che pascolavano all'interno del parco della villa. Le nostre mucche erano rispettate e ben curate grazie anche alle donazioni di alcuni generosi fiorentini; essendo ritenute una delle nostre sette madri, erano considerate come delle compagne di vita più che degli animali a quattro zampe. Secondo la tradizione vedica, infatti, la mucca è in grado di produrre più latte rispetto al fabbisogno del proprio vitellino, quindi può essere munta per nutrire l'uomo che, bevendone il latte, ne diventa idealmente suo figlio. Quindi non si può uccidere una madre! A volte giravano nei giardini all'italiana della villa con delle corone di fiori al collo come si vedono nelle foto delle campagne indiane. Tutte le volte che ero libero da impegni professionali, mi ritiravo nel parco, a volte anche in compagnia di Elena, e ci divertivamo ad ascoltare le lezioni di Ferrini tenute nel tempio ai piedi delle sacre divinità Radhe e Krisnha.

L'esperienza nelle cucine di villa Vrindavana a San Casciano mi servì prima di tutto per confermare una verità che ormai da anni albergava nel mio cuore: la cucina bella, sana, vera e spirituale per me poteva solo essere vegetariana.

Molti libri di cucina ayurvedica e cultura vedica li ho divorati nella dimora vaishnava, dove ho vissuto brevi periodi insieme ai monaci. Ero diventato per loro il cuoco vegetariano cui chiedere consigli su come gestire una cucina professionale: dagli acquisti delle materie prime alle ricette sane e gustose dal carattere mediterraneo. I monaci, essendosi formati soprattutto grazie agli stage fatti in India, erano molto legati alla tradizione culinaria del Paese di Gandhi e di Tagore e avevano perciò desiderio di migliorare e ampliare i loro panorami gustativi, dato che vivevano da anni esclusi dal mondo, al punto da non conoscere né il nome del nostro presidente della Repubblica né altre questioni di dominio pubblico. Ma questo era il bello per me.

Ci sono delle persone che non ce la fanno a vivere come facciamo noi, hanno delle necessità diverse, come coltivare con serietà e coerenza le esigenze e le aspirazioni dell'anima. A loro non basta andare a messa una volta alla settimana, nutrono invece il bisogno di dialogare con il divino attraverso il servizio devozionale (pulire le stanze del tempio, tenere delle conferenze pubbliche e andare nelle strade a cantare i nomi del Signore), come facevano anche i mistici cristiani e i sufi.

Anche cucinare è un servizio che si può offrire al Signore, tanto che può essere definita, se fatta con la giusta attenzione, un'attività spirituale. Un vecchio proverbio legato al mondo vedico dice di cucinare cose semplici ma con un'attitudine speciale, come se avessimo ospite il Signore dell'Universo. E soprattutto è raccomandato di pregare il più frequentemente possibile allo scopo di purificare la nostra mente e così ascendere verso le bellezze eterne dello spirito. Prima di offrire il cibo cucinato ai nostri ospiti è d'obbligo recitare preghiere di ringraziamento e, solo terminati questi riti, il cibo può essere consumato.

Negli anni in cui sono stato a contatto con i monaci e ho cucinato insieme a loro, ho studiato i testi del famoso cuoco australiano Kurma Dasa. Alcuni suoi libri sono stati tradotti in moltissime lingue e *Great Vegetarian Dishes* ha contribuito a cambiare le abitudini alimentari di migliaia e migliaia di persone in tutto il mondo.

In questo libro Kurma dà vita a ricette ambiziose e riconducibili a molte tradizioni gastronomiche del mondo. In particolare, si sofferma su due macroaree del pianeta: l'India e l'America Latina. In questo pratico manuale di cucina lacto-vegetariana sono spiegate sia le ricette passo passo sia la piattaforma teorica grazie alla quale si può cucinare con coscienza e responsabilità seguendo i principi della cucina vaishnava. I suoi *chapati* senza glutine di farina di grano saraceno e purea di patate rappresentano una delle più belle scoperte incontrate leggendo i suoi numerosi libri. A lui devo molto sul piano della teoria; dopo Pietro Leemann è il cuoco di cui ho letto maggiormente gli scritti.

Kurma adesso viaggia per il mondo, dopo aver lasciato la gestione della cucina di un ristorante vegetariano a Melbourne. Nei suoi reportage spesso si sofferma anche sulle bellezze paesaggistiche e le pone sempre in assonanza con le sue immense realizzazioni spirituali, ottenute grazie a decenni di pratica religiosa e di servizio per il prossimo.

Oltre a lavorare nelle cucine di molti ristoranti vegetariani sparsi per il mondo, Kurma ha condotto programmi TV di grande successo in lingua inglese. Consiglio vivamente i suoi libri e ringrazio anche il monaco Ramacandra di villa Vrindavana per avermi permesso, molti anni fa, di avere dei contatti diretti con il cuoco spirituale più bravo al mondo.

Operare nelle cucine dei templi indiani è un'esperienza straordinaria e molto distante da quelle vissute nei ristoranti in cui ho lavorato in Italia, Svizzera, Irlanda, India, Cina, Burkina Faso... È distante soprattutto perché le dinamiche di lavoro sono molto rilassate; al posto delle inutili tensioni che si generano tra i cuochi professionisti, tra i monaci cuochi si respira un'aria leggera e distesa. Ho imparato a gestire al meglio le spezie orientali e a cucinare con gusto anche per 500 persone con appena quattro fuochi. Ho iniziato a usare l'assafetida, resina di albero simile al finocchio selvatico, al posto dell'aglio e della cipolla che nella cucina ayurvedica sono banditi perché troppo energizzanti. Inoltre, date le finanze limitate, ho appreso a stare attento agli sprechi; altro patrimonio esperienziale ereditato dalla sacra collaborazione.

Anni fa una coppia di miei amici celebrò il matrimonio proprio a villa Vrindavana. Giorgia, la sposa, come me studentessa di questa antica tradizione, decise di sposarsi secondo le antiche regole dei testi vedici. Prima di andare alla cerimonia religiosa officiata da Ramacandra, che per l'occasione si trasformò in sacerdote orante, passò in cucina a salutarmi. Indossava un abito tradizionale indiano e sul suo viso erano state dipinte le cose più belle e con i colori più vivi, e io mi commossi al vederla così raggiante.

Il matrimonio fu un enorme successo; arrivarono ospiti da tutta Italia che apprezzarono enormemente il menu, anche perché presentammo sia ricette esotiche sia altre più tradizionali, come le lasagne al sugo di pomodoro e la torta a strati fatta dalla mitica Rukmini di Livorno.

Spesso raccontavo queste esperienze ai miei collaboratori laici, cosa assai facile per me perché ormai rivestivo delle cariche di responsabilità e quindi a volte li obbligavo ad ascoltarmi pensando di fare una cosa buona per loro. Alcuni di essi hanno avuto la forza di sopportare a lungo le mie confessioni tanto da renderle vive anche nelle loro vite. Silvia, Giorgia, Elena, solo per fare alcuni esempi, stanno cercando di cucinare secondo le massime che ho imparato stando a contatto con i miei amici monaci.

### La ricetta
### Chapati di farina di castagne e patate
*(senza glutine)*

Ingredienti (per 20 chapati)
*200 g di patate lessate; 200 g di farina di castagne setacciata; 2 g di sale; rosmarino tritato finemente; salvia tritata finemente; farina di castagne per spolverare.*

Passare le patate allo schiacciapatate e trasferire la purea in una bacinella di metallo; aggiungervi la farina, il sale, le erbe tritate. Impastare con le mani per alcuni minuti; fare una palla e chiuderla bene con della pellicola trasparente. Tirare con un mattarello di legno l'impasto, aiutandosi con della farina di castagna, in modo da ottenere delle sfoglie molto fini. Creare con un coppapasta tondo dei dischi. Passarli in padella antiaderente, leggermente oliata, e cuocerli fino a dorarli da entrambi i lati.

*Le piadine di castagne sono molto morbide se cotte con la giusta attenzione. Consiglio di servirle con del burro alle mandorle piccante e erbe profumate. Anche i celiaci quindi possono farsi le piadine utilizzando solo ingredienti genuini e sani.*

# E l'India dove sta?

Nel 2005 lavoravo in un ristorante in provincia di Arezzo; la mia cucina era caratterizzata da ricette classiche, che
facevo preparare a miei collaboratori, e da soluzioni vegetariane che curavo personalmente. L'esperienza in Africa mi
aveva insegnato a gestire al meglio le risorse alimentari e
cercavo di recuperare il più possibile dalle verdure del menu
e, con gli scarti delle lavorazioni, preparavamo brodi vegetali buonissimi e leggermente speziati.

Dal periodo trascorso a San Casciano invece avevo appreso che in cucina non si deve soltanto cucinare in modo mec-
canico, ma che bisogna prima di tutto predisporsi nel modo
giusto prima di arrivare al lavoro, per esempio pregando o
concentrandosi su ciò che si sta per compiere. Spesso mi presentavo al ristorante con le braccia cariche di manuali di cucina e libri di cultura generale: Pietro Leemann, Kurma Dasa,
Marco Ferrini... Li lasciavo delle ore sui banchi di lavoro e
anche sui tavoli dove si accomodavano gli ospiti.

Elena mi era molto vicina; il tempo libero lo passavo a
cucinare con i monaci o con lei. In quei mesi andammo anche a visitare la casa dove Tiziano Terzani aveva trascorso i
suoi ultimi mesi di vita; per noi fu un'esperienza quasi mistica. Rimanemmo all'Orsigna tutto il giorno, senza disturbare
Angela Staude, che probabilmente era in casa. Camminam-
mo seguendo i sentieri descritti da Tiziano e lasciammo nella
cassetta della posta una foto con i libri, pubblicati sia da
Tiziano sia da Angela, appoggiati in modo disordinato sul
divano di casa mia. Sul retro della foto scrivemmo una dedi-
ca piena di amore e riconoscenza.

Quella giornata vive sempre nel mio cuore... Eravamo troppo felici di respirare la stessa aria e di essere negli stessi luoghi dove la famiglia Terzani trascorreva i periodi estivi.

Il tempo passava e io sentivo sempre di più il desiderio di confrontarmi con la realtà indiana. L'India era il mio chiodo fisso; leggevo i libri sulla sua storia e sulle sue tradizioni religiose: induismo, buddhismo, jainismo. Avevo già letto più di cento libri del grande poeta e filosofo Rabindranath Tagore. L'India mi chiamava. Chiesi aiuto a un mio vecchio collaboratore indiano, Harsh; gli dissi che avrei voluto passare del tempo in India a studiare e lavorare. Lui si offrì subito di aiutarmi; la sua famiglia era di Amritsar, la capitale del Punjab, famosa in tutto il mondo per il Golden Temple, chiamato anche la Mecca della religione sikh.

Rassegnai le dimissioni sia dal ristorante di Cavriglia sia da quello di Montevarchi. Acquistai i libri che pensavo mi sarebbero stati di aiuto e partii per Nuova Delhi felice come un bambino al quale è stato detto che può mangiare tutti i dolci del mondo.

Rimasi alcune settimane a casa di Harsh, che aveva deciso di farmi da guida; sua madre e gli altri membri della famiglia mi trattarono come un re, mi consideravano come una star proveniente da un Paese lontano.

Trascorrevamo le serate sui tetti piatti delle case a far volare gli aquiloni; il giorno invece eravamo sempre in giro a mangiare lo straordinario cibo vegetariano indiano.

Chiesi di visitare Jallianwalla Bagh, il luogo (ora divenuto un giardino pubblico) dove il 13 aprile 1919 le truppe inglesi massacrarono a colpi di fucile centinaia di indiani indifesi, fatto che indusse il Mahatma Gandhi a digiunare quasi fino alla morte e Tagore a restituire tutte le onoreficenze ricevute dal viceré inglese per gli alti meriti in ambito letterario. La strage compiuta portò a una rottura tra l'intellighenzia indiana e le autorità inglesi. La situazione nel Paese delle spezie era all'epoca paradossale: da una parte c'erano alcune migliaia di gentlemen belli e profumati e dall'altra centinaia di milioni di indiani che non erano padroni a casa loro. Il colonnello Reginald Dyer, che dette l'ordine di sparare sulla folla di cittadini indiani, riuniti in quell'occasione per ascoltare un dibattito politico, non fu mai ufficialmente condannato dalle forze militari inglesi. Egli fu semplicemente sospeso dal suo incarico. L'Inghilterra durante il suo dominio non solo aveva commesso atti ignominiosi come quella strage, ma aveva cercato di eliminare o modificare le antiche tradizioni locali. La lingua inglese doveva sostituire i dialetti locali, negli eventi pubblici come nelle università si parlava e si scriveva soprattutto utilizzando l'idioma anglosassone e furono messe al bando anche antiche forme culturali. Le università ayurvediche vennero chiuse poiché le autorità governative pensavano che la medicina tradizionale indiana non fosse altro che una serie di istruzioni basate solo su miti e leggende popolari. Solo dopo l'indipendenza dal dominio inglese, ottenuta nel 1947, le università ripresero le loro normali attività didattiche e furono nuovamente sostenute da programmi e finanziamenti governativi e la loro diffusione crebbe sempre di più.

Molti occidentali oggi sono iscritti a corsi di medicina classica indiana perché vogliono diventare dei tecnici olistici, altri perché, pur avendo conseguito una laurea in medicina occidentale, cercano di migliorare la loro preparazione tecnica e guardare il processo della cura da una prospettiva più ampia.

Ma io ero lì anche per cucinare, non mi bastavano le visite ai templi induisti e le scorpacciate con gli amici di Harsh. Una sera cenammo tutti insieme presso un ristorante tipico del Punjab; alcuni miei compagni di cena lasciarono nei loro piatti del cibo. Io mi offrii di finirlo; mentre lo mangiavo iniziarono a parlare tra loro in punjabi, la lingua indigena. Chiesi a Harsh di tradurre quello che dicevano poiché pensavo, chiedendo il loro cibo, di aver creato una situazione imbarazzante. Harsh invece mi disse che con quel gesto, per loro pieno di significati, avevo abbattuto tutte le barriere che avevano nei miei confronti.

Attraverso la condivisione del cibo rimasto nei vassoi, il karma dei miei compagni di serata passò dentro di me e io divenni così un indiano a tutti gli effetti; adesso per loro ero solo diverso per il colore della pelle e per la lingua; ero diventato insomma un loro fratello, palliduccio ma pur sempre fratello. Da quel momento gli amici di Harsh mi tennero per mano e mi portarono nelle loro case. Ovviamente il mio gesto non fu un artificio per farmi degli amici; io avevo tanta fame e buttar via il cibo vegetariano più buono al mondo era un karma troppo pesante per me...

La mamma di Harsh cucinava da dio; forse il pranzo consumato più buono della mia vita è stato proprio quello preparato da lei in una sera del gennaio 2006: *chapati* spalmati con burro fuso, riso con zafferano e verdure, piselli e *paneer*... Mangiai quasi fino a scoppiare; ero talmente felice che dopo poco avevo già digerito tutto. Noi maschietti stavamo belli seduti a mangiare e lei poverina, tutta felice, se ne stava in cucina a preparare le pietanze da servire secondo regole precise. Ricordo che mangiai un numero imprecisato di *chapati* fatti a mano e al momento; nelle piadine indiane c'era l'amore e il desiderio di farmi felice.

Nelle settimane passate nel Nord dell'India visitai luoghi di culto tra i più belli al mondo: templi hindu di tutte le scuole, asrham yogici e soprattutto la casa delle case dei fedeli sikh: il Golden Temple. Nel Tempio d'Oro, una delle meraviglie del mondo, si ritirano a pregare i nuovi seguaci di Guru Nanak, il guerriero spirituale iniziatore della tradizione religiosa dei sikh. Gli uomini devoti al grande guru portano in testa il turbante tutto l'anno e sono facilmente riconoscibili anche da noi poiché si occupano, soprattutto nel Nord Italia, della gestione di molti allevamenti bovini. Le donne sono abbigliate di solito con abiti coloratissimi e profumati dall'incenso che viene acceso in tutte le case. I sikh sono grandi lavoratori, amanti delle cose sacre e da decenni fanno la fortuna di molte aziende italiane. In Veneto e in Lombardia sono stati anche costruiti dei luoghi di culto dedicati a loro.

Ma l'India è anche povertà; circa sei mesi prima ero stato in Africa e mi ero abituato a vedere la vera miseria e la povertà assoluta. Ma è in India che per la prima volta vidi dei lebbrosi camminare lungo le strade; non riuscivo a capire come nel Paese al mondo forse più ricco di letteratura sacra potessero vivere tante persone sofferenti e prive di ogni sorta di possibilità di uscire dalla malattia e dalla povertà assoluta.

Un mattina molto presto, in un mercato della capitale del l'unjab, seguii, a distanza di sicurezza, un uomo piegato su se stesso il cui corpo era completamente avvolto da bende di cotone come fosse un'antica mummia. A un certo punto questo pover'uomo si fece aiutare da un mercante del luogo a togliere i bendaggi alle gambe. Mi accorsi subito che sotto le garze non c'era la pelle bensì la carne viva... E io non ero pronto a tale spettacolo. Mi girai e con un groppo in gola camminai per ore senza meta.

Mettevo di continuo a confronto le mie fortune con il destino di molti indiani e africani. Durante un colloquio privato che ebbi con Ferrini prima di partire per l'Africa, egli mi disse di non cercare di capire troppo le realtà che tentavo di conoscere. Aveva compreso molto sulla natura umana: siamo quasi sempre desiderosi di capire il mondo esterno poiché è fatto di cose belle e cose brutte, ma, solo dopo aver messo in pace il nostro cuore, si può conoscere veramente e così le apparenti contraddizioni, che caratterizzano il mondo delle cose, possono essere trascese. Le Upanishad antiche e medie, forse i testi da me più amati, sostengono proprio questo da millenni.

E il poeta Tagore, che di continuo si rifà ai sacri testi indiani, afferma che la vita senza la sofferenza non può neanche esistere; lui però aggiunge che la sofferenza non è il fine della vita, un po' come gli argini del fiume. Il fiume è come la vita che scorre e per arrivare fino alla fine del suo corso ha bisogno anche dell'aiuto degli argini. Gli argini sono, nella sua famosa metafora, la sofferenza e il dolore. Essi fanno parte del fiume, lo aiutano a mantenere la giusta rotta, ma non sono di certo il fiume! E così dovrebbe essere considerata e ricollocata nella giusta dimensione la sofferenza sia fisica sia psichica. Essa non è eterna come invece è la beatitudine, in sanscrito *ananda*.

Il fine dell'uomo dovrebbe essere migliorare il più possibile la propria natura; obiettivo che si raggiunge solo attraverso la virtù e l'onestà. Purtroppo, molto spesso il termine *ananda* viene tradotto con "felicità materiale" o "appagamento sensoriale"; i saggi di tutte le tradizioni autentiche però ci dicono che la vera soddisfazione si ottiene dopo aver conosciuto il mondo interiore; non è importante, quindi, l'ammontare del conto in banca o il numero degli immobili posseduti. La felicità cui si rivolgono sia il saggio sia il poeta Tagore è spesso il frutto di azioni virtuose ripetute a lungo, dello studio di testi sacri e della preghiera.

Nel Nord dell'India imparai a riconoscere le differenze tra il cibo indiano servito alla maniera locale oppure alla moda del Sud. Il cibo del Nord di solito è caratterizzato da sapori decisi e speziati, si usa molto burro e cereali alternativi al riso come l'orzo e il miglio che in passato era ritenuto il cereale perfetto. Apprezzai il fatto che molti ristoranti locali fossero naturalmente vegetariani.

Il Punjab è una regione del subcontinente indiano piena di bellezze paesaggistiche, culturali e suggestioni storiche, come forse lo è la frontiera più calda al mondo che l'India divide con il Pakistan. Ho conosciuto fedeli hindu, sikh, buddhisti, musulmani e cristiani; sembra che in questa città le diversità non siano di ostacolo alla genuina ospitalità locale.

Per fare un esempio, nei templi di Amritsar si offrono cibi e bevande a tutti i pellegrini del mondo; non importa in questi luoghi avere una targa di riconoscimento; l'importante è appartenere a una forma vivente visto che anche gli animali dei parchi sono degli ospiti graditi alle famiglie punjabi. Un saluto va anche alle scimmie, scoiattoli, corvi, passeri e così via.

La ricetta
Mele al curry servite alla maniera
della mamma di Harsh
*(ricetta servita prima di sedersi a tavola)*

Ingredienti (per 4 persone)
*2 mele dalla buccia rossa; un pizzico di curry dolce;*
*un pizzico di sale himalayano; succo di limone.*

Tagliare in quattro spicchi la mela e privarla dei semi.
Dividere ogni spicchio in due in modo da ottenere
in tutto otto pezzi dalla forma uguale.
Distendere gli spicchi su una teglia.
Condire la parte superiore con delle gocce di succo
di limone, il sale e il curry.
Lasciar riposare per 10 minuti a temperatura ambiente.
Girare le mele e ripetere l'operazione come sopra.
Servire gli spicchi di mela come degli stuzzichini con piccoli
*chapati* caldi.

*Un modo molto semplice per presentare le mele crude.*
*Quelle da me assaggiate a casa di Harsh sono state le più*
*buone di sempre.*

# La mia casa

Harsh e io volevamo aprire un ristorante nella zona vicino all'aeroporto di Amritsar. L'area adibita a questo progetto era in mezzo al verde, vicino alla strada di grande comunicazione che collega il centro della città al nuovo scalo internazionale. Morivo dalla voglia di rimettermi a cucinare; stare a lungo lontano dai fornelli mi aveva reso nervoso.

Decisi di trasferirmi a Nuova Delhi con l'intenzione di trovare lavoro presso un ristorante tradizionale italiano. Compii il viaggio verso la capitale di notte a bordo di un treno elegante e molto confortevole; la mia cuccetta era ben illuminata e accanto a me era appoggiato il libro di maggior successo di Marco Ferrini, dal titolo evocativo per l'occasione: *Pensiero, azione e destino*. Durante il tragitto scambiai dei messaggi con Elena, che si trovava nella sua amata America Latina a fare volontariato. Nonostante fossimo così lontani, ci sentivamo in comunione, grazie ai telefoni cellulari, molti dei quali progettati e realizzati in India.

Arrivare alla stazione di Delhi alle prime ore del giorno significa trovarsi di colpo di fronte alla disperazione umana mescolata alla speranza e all'arte di arrangiarsi. Dai binari e dai luoghi riparati uscivano morti-viventi di tutte le età, mentre io, dietro il finestrino, me ne stavo bello al fresco con i miei libri di filosofia. Intanto, fuori la vera filosofia suggeriva ai vagabondi come sopravvivere alla follia umana un altro giorno. Le persone emergevano dalle tenebre a gruppi: adulti con adulti, bambini con bambini e donne con donne! Il nostro trenino faceva fatica ad arrivare alla banchina di fine corsa, i sopravvissuti all'atomica della povertà si attaccavano alle porte del convoglio allo scopo di ottenere qualcosa che potesse loro dare speranza: un soldino, una caramella o un gingillo qualunque.

Lasciai la stazione ferroviaria e mi diressi in un comodo alberghetto nella zona più centrale della capitale, dove avrei trascorso i mesi seguenti. La mia camera era pulita e dotata di comfort: televisione, bagno con doccia e letto grande. Per essere più in sintonia con le atmosfere locali, avevo costruito un piccolo tempietto con al centro Jagannath, il dio dell'Universo. L'incenso, che costava pochissimo, fumava tutto il giorno davanti alle immagini sacre, cui rivolgevo le mie preghiere sia al fine di stare in pace con me stesso sia per trovare lavoro nel Paese che amavo di più.

I primi giorni li trascorsi a vedere tutto ciò che riuscivo, anche se scegliere cosa visitare in una città abitata da sedici milioni di abitanti non è semplice.

Ma in India accadono, più che in altri luoghi, cose difficili da comprendere, che forse si materializzano perché noi ci predisponiamo meglio ad accogliere anche le energie sottili che fanno da sorgente alle cose più grandi. Spesso in India o si rifiuta la realtà e si torna a casa o si diventa più sensibili, tanto da riuscire a captare nuove opportunità esistenziali.

Un giorno decisi di andare a visitare una fiera del vino italiano presso un albergo extra lusso nel quartiere delle ambasciate. Cercavo il modo di incontrare delle persone interessate a farmi cucinare; decisi di iniziare la ricerca dal principesco e dorato Taj Palace. Il mio ingresso fu notato da una guardia, che mi venne incontro armata fino ai denti e con il turbante in testa per fermarmi. Mi differenziavo dagli altri ospiti perché ero abbigliato in modo molto *easy*: pantaloni verde militare con le tasche laterali e maglietta con il dio Ganesh sul petto, all'epoca ancora muscoloso. Ma la cosa che stonava di più e più curiosa fu proprio il mio arrivo sul luogo. Anziché con il mitico taxi Ambassador o le auto lussuose che tutti utilizzano per arrivare agli hotel, io scesi da un cigolante risciò guidato da un anziano ansimante. Pagai il conto, 5 rupie (10 centesimi di euro) per l'intero tragitto durato 20 minuti di dure pedalate.

Dopo essere entrato nella hall non potei fare a meno di notare i tavoli appoggiati a terra ricoperti di vero oro e mi diressi all'area dove si sarebbero svolte le iniziative legate al vino italiano. Dovevo farmi coraggio: volevo trovare il modo di iniziare a lavorare entro breve tempo; nella mia valigia da settimane le giacche da cuoco non vedevano l'ora di sporcarsi.

Chiesi informazioni alla prima persona che incontrai e mi accorsi che teneva in mano alcuni fogli scritti in italiano e mentre parlavamo scoprii che l'uomo era un alto funzionario dell'Ambasciata italiana che si occupava di trovare lavoro agli italiani in India. Ero quasi senza parole per la coincidenza.

Il giorno dopo ero già nel suo ufficio all'interno della nostra Ambasciata a parlare di vegetarianesimo, di filosofia indiana e del desiderio di trovare un'occupazione. Avrei potuto parlare delle mie esperienze passate nei ristoranti toscani o del volontariato in Africa e invece iniziai a elogiare Pietro Leemann e i suoi piatti che, a mio avviso, potevano essere presi a modello per una nuova cucina italiana vegetariana da far conoscere all'estero. Gli presentai i due libri del maestro: *Alta cucina vegetariana* del 1991 e *Joja. Colori, gusti e consistenze nell'alta cucina naturale* del 1996. Il primo mi serviva per parlare di cucina vegetariana pop, il secondo invece come strumento per chiacchierare di cucina vegetariana d'autore e di come la nostra tradizione culinaria potesse avere un riscontro pratico e di alto livello in chiave lacto-vegetariana.

Il colloquio fu un vero successo; ci mettemmo all'istante a cercare lavoro. Chiamammo diversi ristoranti amici dell'Ambasciata e la ricerca ebbe un esito talmente positivo che il giorno seguente mi presentai al Diva, che si trovava nel quartiere Kailadsh II.

Il capo era Ritu, una donna indiana non vegetariana. La suddivisone dei piatti era chiara: io avrei preparato quelli lacto-vegetariani dalla matrice mediterranea e Ritu, invece, avrebbe gestito il resto della cucina, divisa su tre piani diversi, e si sarebbe occupata del menu a base di ingredienti di origine animale.

Per mettermi alla prova mi chiese di creare degli gnocchi all'italiana; io non feci altro che cuocere le patate nel succo di barbabietola, le passai attraverso un setaccio e con la polpa ottenuta, miscelata solo con farina *hatta*, creai degli gnocchetti in pochi minuti. Gli occhi della brigata, composta da decine di cuochi, erano tutti su di me; in poche e misurate mosse ero diventato il creativo della cucina del ristorante italiano più elegante della zona. In un giorno mi ero già conquistato la stima dei miei colleghi e con alcuni di loro strinsi un forte legame di amicizia. Io mi sentivo davvero a casa; feci notare a un ragazzo nepalese che lavorava lontano da casa sua e lui mi guardò strano perché casa mia era ben più lontana rispetto alla sua a Katmandu. Ma io mi trovavo nel Paese giusto; al telefono dicevo ai miei familiari che stavo bene, molto bene: durante il giorno riuscivo anche a visitare biblioteche, templi vaishnava e luoghi di grande importanza culturale come musei tibetani e università di teologia hindu.

Al ristorante, le mie giacche stirate a puntino contrastavano con le divise scure e poco curate con cui lavoravano i miei colleghi indigeni, che erano tutti indiani o nepalesi nonostante lavorassero nel luogo italiano più alla moda della capitale. Le lingue parlate in cucina erano l'hindi e l'inglese.

Davo vita a ricette nuove tutti i giorni, ma all'epoca in India non si trovavano i formaggi italiani stagionati e io volevo creare fondute o creme di formaggi da servire insieme alle variopinte verdure locali. Il pane e altri prodotti da forno erano realizzati con lieviti chimici. Per le piadine di farina di frumento integrale usavamo il bicarbonato e la soda. Il sale era sempre di color rosa, che derivava dagli antichi minerali depositatesi sui cristalli. L'olio di sesamo e di semi erano spesso usati al posto di quello d'oliva, la cucina quindi non era propriamente aderente ai canoni tradizionali. Spesso i piatti all'italiana in realtà erano un mix tra prodotti indiani e creatività latina.

Gli sformati di verdura, solo per fare un esempio, erano accompagnati dalla crema di latte vaccino realizzata grazie alla cagliatura dello stesso con il succo di limone o con la polpa di tamarindo. Recuperavamo le proteine rapprese del latte con garze di lino e le utilizzavamo in modo da rinforzare, sul piano nutrizionale e del gusto, le pietanze vegetariane presenti nel menu.

Purtroppo nella nostra struttura si cucinava anche tanta carne e mi spiaceva vedere che i cuochi indiani lavoravano ingredienti non consigliati dalla loro cultura. Si proteggevano con il senso del dovere; il cattivo karma, generato da azioni come cucinare alimenti che richiedono l'uccisione di animali, non sembrava preoccupare troppo i miei colleghi, che erano vegetariani a casa e cucinavano carne sul lavoro.

Oltre a preparare il cibo all'italiana, iniziai a collaborare nelle cucine dei templi hindu. Sparsi per il mondo esistono molti ristoranti vaishnava chiamati di solito Govinda; si caratterizzano per essere dei luoghi dove oltre alla cucina lacto-vegetariana si possono trovare molti libri e oggetti che richiamano la spiritualità indiana. La parola Govinda richiama un'attività o gioco (*lila*) del Signore Supremo Krishna, apparso sul nostro pianeta circa 3000 anni a.C., come umile pastorello nell'area odierna di Vrindavan. Nel Govinda di Nuova Delhi imparai a fare dei dolcetti delle feste con la polvere di latte e pochi altri semplici ingredienti. Migliorai anche la tecnica grazie alla quale producevo *chapati* ripieni di verdure non molto diversi da come li preparavano i maestri indiani, che facevano ruotare il rullo di legno a una velocità tale da riuscire a creare dei dischi di pasta integrale in pochi secondi. Vederli lavorare velocemente sul tavolo di lavoro, con gli abiti colorati dalle farine, era per me uno spettacolo eccitante. Con una mano rullavano la pasta e con l'altra ruotavano i dischi di pasta per farli perfettamente tondi come la mitica O di Giotto. E dalle mani infarinate i *chapati* passavano alla cottura nei *tandoori* di terracotta che erano incastrati nei pavimenti dove si poteva camminare solo se scalzi o con delle apposite ciabatte, poiché in questi luoghi anche il suolo deve essere rispettato e non è ammesso lavorare con abiti e calzature contaminate dalle energie esterne.

Questa esperienza nelle cucine indiane mi è servita in modo particolare per mettere a punto alcune tecniche utili a sviluppare menu ayurvedici che ho successivamente riportato in Occidente sia nelle cucine dei miei ristoranti sia nei corsi tenuti in tutta Italia.

Durante le pause di lavoro andavo a visitare luoghi famosi in tutto il mondo quali la tomba di Gandhi e il gigantesco tempio di Babaji. A Nuova Delhi non mancano i parchi dove ragazzi e adulti si ritrovano a giocare a cricket. Osservare le interminabili partite era il mio passatempo preferito e il fatto di non capire nulla sulle regole del gioco mi aiutava a stare lì fermo come un ebete.

Amavo inoltre girare le strade della città come facevo anni prima a Firenze, senza una meta precisa. Seguivo le maree umane di verghiana memoria e mi perdevo nelle maleodoranti e coloratissime viuzze. Sulle balle di riso che i mercanti appoggiavano per terra giocavano piccoli topi, a loro volta inseguiti dai gatti impauriti. I cani magrissimi cercavano di rifarsi sui felini e, infine, le mucche pisciavano sulle balle incuranti delle urla della gente; forse è vedendo queste scene che Angelo Branduardi ha scritto il suo capolavoro: "Alla fiera dell'Est con due soldi...". E con due soldi io mangiavo fino a scoppiare cibi piccantissimi che adesso va di modo chiamare *street food*.

Mi fermavo a osservare lo spettacolo degli spettacoli. Le persone che giravano per le strade o erano intente a vendere o a comprare cianfrusaglie, quasi tutte Made in China.

La vera India non era lì; l'India amata e apprezzata in decenni di letture andava scoperta e vissuta altrove. Solamente a casa di Harsh, nei templi vaishnava e in pochi altri luoghi ho sentito la vera e autentica atmosfera indiana composta di cose semplici e di alti valori morali.

Anche la cucina proposta nei ristoranti della capitale era molto distante da quella genuina e semplice del Punjab. A Nuova Delhi mangiavo spesso il solito menu vegetariano composto da circa dieci microportate, molte delle quali originate da prodotti scongelati. La bellezza e la salute insite nell'antica cucina tradizionale erano lontane nel tempo e nelle intenzioni. Sembra quasi un paradosso, ma un adagio di Prabhupada dice che forse il bello dell'Oriente adesso vive in Occidente come il brutto dell'Occidente vive meglio in Oriente.

In India ho perfezionato l'uso delle spezie sia per cucinare sia per preparare delle tisane digestive; ho cucinato verdure esotiche come l'*okra* e l'amarissima *karela,* raccomandata alle persone malate di cuore; ho imparato a fare il *ghee* dal burro locale, che è molto più saporito del nostro; ho cagliato con il succo di tamarindo quintali di latte allo scopo di ottenere un *paneer* leggermente speziato e adatto sia alle preparazioni salate, come il *paneer sakh*, sia dolci come i famosi *simple wonderful.*

Lavorando in India si impara a fare centinaia e centinaia di ricette a base di latte di mucca. Il latte si può bere e si può anche trasformare in modo da creare formaggi freschi simili a ricotte leggerissime. Le divinità, massima autorità giudicante, apprezzano anche lo yogurt ottenuto grazie a una breve fermentazione con il latte acido e addolcito con il miele e profumato con il cardamomo e lo zafferano.

Una delle più belle scoperte culinarie è stato lo *jaggery*, lo zucchero grezzo che si ricava, attraverso un lungo processo di sobbollitura, da alcune piante come il cocco e il *vellam*. Il *goor*, altro nome che indica anche il nostro zucchero, ha però un basso indice glicemico ed è quindi adatto anche alle persone con piccoli problemi di salute legati alla glicemia nel sangue.

I suoi cristalli sono color marrone scuro e sono buoni da mangiare anche interi; hanno un retrogusto ricco di sfumature di liquirizia, erbe aromatiche e spezie. Lo usavo sia per fare i famosi *chutney* sia per cucinare i dolci tradizionali indiani quali il *kheer* o i *laddhu*. In Italia riesco a trovarlo nei negozi specializzati in prodotti indiani e il suo costo è decisamente accessibile, così lo utilizzo frequentemente durante i miei corsi di cucina.

L'India usa gli zuccheri grezzi da millenni; una grande studiosa della tradizione culinaria indiana, Yamuna Devi, in un suo famoso libro, *La cucina vegetariana classica dell'India*, scrive che già millenni prima di Cristo i cuochi vedici usavano gli zuccheri naturali per addolcire molti piatti fatti con il latte, con le farine e con la frutta secca.

Chiudere questo capitolo non è facile perché potrei scrivere un libro intero sull'entusiasmante esperienza indiana. Preferisco quindi terminare citando una frase della famosa canzone della canadese Alanis Morissette: *Thank you India*.

## La ricetta
### Ceci croccanti come consiglia Yamuna Devi

Ingredienti (per 4 persone)
*100 g di ceci indiani* (chana dhal)*; semi di finocchio; semi di cumino; scorze di limone; olio d'oliva.*

Mettere a bagno i ceci per una notte.
Scolarli e passarli in una padella di ferro direttamente senza aggiungere grassi. Far rosolare a fuoco basso fino a quando si coloreranno all'esterno.
Trasferirli in una ciotola e condirli con una goccia di olio d'oliva e un trito fatto con i semi e la scorza di limone.

*Legumi da servire alla prima colazione insieme alla frutta e un* chutney *dolce.*

# La svolta professionale

Appena atterrato in Italia, andai al Joia a raccontare la mia avventura nel Paese delle spezie direttamente a Pietro, che conoscevo da anni, che mi aprì le porte del suo ristorante e mi invitò a passare un periodo con lui. Quando me lo chiese però non tenne conto del fatto che sarei dovuto ripartire per l'India poche settimane dopo. Infatti, sia dipendenti dell'Ambasciata italiana sia un imprenditore indiano mi avevano chiesto di collaborare in prima persona a un progetto vegetariano nella capitale indiana. Ma l'aereo che mi avrebbe dovuto riportare nel Paese che più amo non lo presi più perché accettai la proposta di Leemann di rimanere con lui a cucinare a Milano.

Con un grande zaino e una borsa a tracolla partii dalla Toscana alla volta del Joia di Milano, ma, prima di iniziare il viaggio gastronomico più bello di sempre, andai a Torino a trovare un monaco hindu famoso nel movimento vaishnava italiano, Govardhan, che in quei giorni ospitava nella sua splendida casa il professor Ferrini.

Prima di cominciare quello che sarebbe stato il periodo di svolta della mia vita professionale, avevo bisogno di una carica e di benedizioni speciali che solo le persone realizzate sanno offrire.

Nei giorni torinesi insieme ai miei compagni di studi pregammo e facemmo delle lunghe passeggiate nelle quali il nostro insegnante non ci risparmiò lezioni di filosofia. Un giorno, prima del mio ingresso nella casa dove alloggiavano gli stagisti del Joia, Ferrini tenne una conferenza ECM – Educazione Continua in Medicina, presso l'aula magna dell'ospedale più importante del capoluogo piemontese, che tenne inchiodate alle sedie centinaia di persone. Medici, tecnici ospedalieri e semplici spettatori come me erano attenti ad ascoltare le bellezze che provenivano dal mondo del Dharma, ovvero quello che tecnicamente viene tradotto con Codice Etico Universale. Ferrini era un coltissimo oratore. Svegliarmi alle quattro del mattino e iniziare la giornata pregando insieme a lui era il modo più giusto per predispormi a cucinare al Joia.

A Torino conobbi molti studenti che sarebbero divenuti dei compagni di vita e di studio davvero speciali: Samantha, Umberto, Stefano e Sergio.

La domenica sera dell'ultima settimana di marzo del 2006, alle 23.00 circa bussai alla porta del "circolo", la piccola casa dove vivevano i ragazzi che lavoravano al Joia per brevi periodi. Mi accolse David, detto Cassano perché di origine pugliese. La prima cosa che gli dissi, notando il disordine, fu che non ero vaccinato, perciò non ero schermato contro le malattie che di sicuro avevano trovato dimora in quelle stanze. Più che una casa sembrava un campo di battaglia: calzini e mutande sparsi dovunque. Dentro di me il ragazzo tutto perbenino e fiorentino si fece sentire: "Mamma mia… E ora che faccio?".

Mi ricavai la cuccetta al piano superiore di un letto a castello dove sotto dormiva Marco, un ragazzo sveglissimo di Vigevano che faceva il cameriere; nella stanza c'era anche un letto singolo dove dormiva Cassano; nell'altra camera da letto dormivano un numero imprecisato di cuochi provenienti da tutto il mondo. Sul divano del cucinotto, che spesso veniva usato come letto supplementare, c'era una vivace e colorata vita microbica, la dimora preferita per acari, insetti e animaletti di tutti i tipi… Le persone che avevano la sventura di sedersi sopra, dopo poco iniziavano a grattarsi dappertutto. In cucina inoltre c'era una teca trasparente dove viveva un simpatico geco che rimaneva immobile tutto il giorno sotto le lampadine artificiali che avevano lo scopo primario di tenerlo bello al caldo. Matteo, un collega di sala, provvedeva al suo mantenimento dandogli insetti liofilizzati e altri cibi secchi. Domandai se non sarebbe stato meglio liberarlo in modo che potesse fare la sua vita, visto che di insetti e di animaletti il circolo era pieno. Mi fu risposto che il geco per vivere aveva bisogno di stare a una temperatura che a Milano si poteva trovare solo due mesi all'anno. Poverino, doveva stare chiuso in una gabbietta con le luci accese tutto il giorno e poteva mangiare solo cose già morte stecchite.

E così ebbe inizio la mia storia al Joia; partii dal gradino più basso pulendo le verdure nella partita degli antipasti insieme a una ex modella islandese. Il mio responsabile di reparto, detto Sanderson, si ammalò il giorno prima del mio arrivo, quindi mi ritrovai a dovermi assumere delle responsabilità che di solito vengono prese dopo mesi di pratica. Fu merito dei miei colleghi se non annegai nelle difficoltà.

Lo chef era Andrea, un ragazzo molto dotato, e il suo secondo era Carlo, un bravo cuoco svizzero. La brigata era composta da ragazzi e ragazze provenienti da tutto il mondo: dall'Estremo Oriente all'America Latina.

Avere accanto Pietro era emozionante e vederlo lavorare con i miei coltelli mi riempiva di una gioia a volte incontenibile. Avevo letto tutto su e di lui; sapevo a memoria tutte le sue ricette del passato, tanto da correggerlo sui pesi e sugli ingredienti con cui erano composte quelle che lo avevano reso famoso in tutto il mondo.

Mi accorsi subito che le mie competenze teoriche non bastavano per reggere il confronto con i miei colleghi, molti dei quali erano lì in seguito ad altre esperienze stellate. Io invece mi ero formato praticamente da solo, grazie anche ai libri di Leemann e di pochi altri sempre sotto gli occhi. Le esperienze toscane, africane, irlandesi e indiane mi erano di aiuto solo in parte. Mi mancavano le nozioni e le competenze tipiche del mondo dell'altissima cucina; dovevo imparare in fretta e lavorare sodo!

La cucina al Joia era diversa da tutte le altre poiché era un mix tra la classica cucina francese di alto livello, i richiami orientali, i sapori mediterranei e l'etica vegetariana. Ma soprattutto, dietro alle proposte del Joia si vedeva il genio di Leemann, il più grande cuoco vegetariano.

Al tempo stesso, l'India rimaneva un chiodo fisso; la domenica pomeriggio andavo al tempio vaishnava di Medolago, in provincia di Bergamo, sia per ritrovare gli studenti di Ferrini sia per respirare le atmosfere lasciate in India. Lì strinsi amicizia con tante belle persone, molte delle quali sono poi diventate compagni di studi e di avventure spirituali.

Ramacandra, l'amico sacerdote che viveva nella comunità di Firenze, aveva una casa all'interno del villaggio vaishnava e insieme trascorrevamo molto tempo a parlare di Dio e della ricerca spirituale. A lui devo molto, sia in termini di ricerca religiosa sia per la grande umanità che lo ha sempre accompagnato. Il suo insegnante è un grande ricercatore spirituale: Radhanhat Swami, conosciuto in tutto il mondo per aver speso la sua vita a tessere legami tra le varie comunità religiose.

Nel villaggio di Medolago si vive di cose semplici; oltre alle normali attività liturgiche, molti residenti occupano il loro tempo nello studio dei testi sacri hindu e nella traduzione dal sanscrito di libri antichi. Non manca neanche la cucina; la domenica pomeriggio vengono serviti piatti lactovegetariani a centinaia di ospiti. Lì ho conosciuto dei bravissimi cuochi indiani e pasticcieri italiani che mi hanno aiutato non poco nella mia ricerca che ho intrapreso per la creazione di nuove ricette legate all'autoproduzione come i formaggi fatti con il latte delle mucche locali... Tante competenze trasferite al Joia erano in realtà i frutti maturi di ricerche iniziate nelle comunità vaishnava di Firenze e di Bergamo.

Nella stagione calda sui prati del villaggio pascolavano beatamente delle mucche adornate di corone di fiori coloratissimi. Erano di sicuro consapevoli del fatto che nessuno si sarebbe permesso di portarle al macello e la loro felicità mi contagiava al punto da farmi cantare con tutte le migliori intenzioni all'interno del tempio che si trova al centro della struttura.

I miei confidenti prediletti erano Daniele e Ilaria, allora ancora senza prole, e insieme abbiamo trascorso delle domeniche meravigliose... La mia esperienza lombarda si completava sempre di più anche sul piano umano.

Il Joia era ormai entrato nel mio cuore; mi stava passando davanti il treno della vita e io dovevo salirci sopra nel minor tempo possibile. Non avevo mai provato prima tante e intense emozioni professionali; gestirle nel modo corretto, senza cadere nella sterile adulazione, non mi era facile, ma Pietro mi appariva davvero come un geniale gigante della cucina. Un giorno, vedendolo all'opera, gli dissi che non avrei più potuto tornare a lavorare come prima. Non potevo far finta di niente; ogni giorno imparavo tante cose e, come dice un detto indiano: "Chi assaggia un 'gusto superiore' poi ha difficoltà a tornare indietro", per esempio a fare le solite cose che, nel mio caso, voleva dire fare ricette vegetariane anonime. Stavo imparando da Pietro che cucinare vegetariano poteva significare prima di tutto "pensare" in modo vegetariano e non solo eseguire ricette senza alcuni ingredienti.

Molti chef vegetariani infatti non fanno altro che prendere una ricetta della tradizione italiana e adattarla secondo la moda vegetariana, ma per far questo basta togliere la carne e mettere un altro ingrediente al suo posto e il gioco è fatto! Al Joia questo trucchetto non funzionava. Pietro da anni aveva preso una strada tutta sua e con una coerenza mai vista prima era riuscito, con Nicla Nardi, a creare un ristorante senza pari nel mondo. In cucina gli sentivo spesso dire che, prima di creare un piatto nuovo, occorre avere un'idea forte, che non sempre è vincente, ma comunque bisogna avere un'idea! E lo diceva tenendo sempre dei fogli in mano e con la giacca sempre macchiata d'inchiostro perché lui scriveva e disegnava le sue urgenze culinarie.

Nella cucina eravamo in tanti: due o tre cuochi per partita; a quelli più anziani erano affiancati i giovani provenienti dalle scuole alberghiere milanesi come il Carlo Porta e L'Amerigo Vespucci. Io imparavo le tecniche di lavoro dai più esperti, mentre nei ragazzi ammiravo la dedizione e la serietà con la quale si avvicinavano al mondo stellato.

Dopo essere stato nella partita degli antipasti, cominciai ad aiutare Simona ai primi e Andrea ai secondi piatti. In pochi mesi avevo già girato i tre quarti della cucina grazie alle benedizioni di Pietro, che evidentemente voleva che io apprendessi più cose possibili in poco tempo.

Nella brigata c'era anche il bravissimo David Tamburini, un cuoco toscano eccezionale che avevo conosciuto anni prima alla Scuola Italiana di Cucina Italiana Alma di Colorno. Con noi lavorava anche David Egardi detto Gonzo; all'epoca era giovanissimo e tecnicamente dotato e creativo come pochi. Si vedeva che alle spalle aveva altre esperienze stellate perché era pulito nei movimenti e desideroso di imparare. Con lui, Carlo e Cassano ci siamo divertiti come matti e abbiamo girato sia il Nord Italia sia la vicina Svizzera. A loro devo molto, sia sul piano professionale sia su quello umano. Fuori dal lavoro scherzavamo e giocavamo senza sosta, ma dentro il Joia cambiava tutto: nelle cucine stellate infatti occorre mantenere tra noi, il più possibile, un clima misto tra fermezza, concentrazione e capacità di ascolto.

Andrea, il secondo di Pietro, decise di lasciare il Joia e il suo posto fu preso da Carlo; si formò quindi un'asse Svizzera di ferro composta da Pietro al comando e Carlo subito sotto.

I giorni passavano e io imparavo tutto quello che potevo imparare! Anche Tamburini decise di lasciarci per tornare nella sua amata Toscana; io al contrario vivevo sempre più un distacco emotivo e sentimentale dalla mia terra di origine e da Elena.

Ricordo che in quel periodo io e Pietro parlavamo molto di filosofia e la domenica sera, giorno di chiusura del Joia, andavamo a cena nei ristoranti cinesi e giapponesi di Milano. Lui ancora mangiava il pesce e prima di ogni cena mi chiedeva, con sincera umiltà, il permesso di assaporare i gamberetti di cui era ghiottissimo. Erano momenti magici perché potevo avere il mio maestro tutto per me; il lunedì comunque, allo scopo di ripristinare i giusti ruoli, mi sgridava come avrebbe fatto con chiunque altro, e io lo apprezzavo tantissimo, anche perché in cucina, sul piano gerarchico, avevo molti cuochi sopra di me.

Una notte verso le tre ricevetti una telefonata da lui; appena vidi il suo nome sullo schermo del cellulare il mio cuore iniziò a battere all'impazzata poiché pensai subito a un guasto in cucina, una dimenticanza o qualcosa del genere. E invece lui mi aveva chiamato per ringraziarmi! Mi disse che ero "strano", perché tenevo molto alle relazioni umane e non solo professionali e amavo fare ricerca nei momenti liberi, come il sabato mattina e la domenica, e aggiunse che a lui piaceva questa mia peculiarità. Era incuriosito soprattutto dalle scelte alimentari che in me combaciavano con gli studi indologici e certe amicizie monacali.

Nell'agosto del 2006 il Joia rinnovò completamente la sua cucina; dai fuochi si passò alle piastre a induzione. La nuova cucina era, ed è, luminosissima e piena di comfort: cappa aspirante silenziosa, banchi refrigerati e scaffali di ogni tipo.

L'ultima sera trascorsa nella vecchia cucina è immortalata in una foto che a distanza di anni ancora mi commuove. Finito il servizio, ci sdraiammo tutti, tranne il comandante che rimase in piedi come un imperatore, su quella meravigliosa macchina che ha consentito a Pietro di raggiungere nel 1996 la prima stella Michelin. Tutti i ragazzi presenti quella sera nella foto sorridono, consapevoli di aver lavorato in una fase molto importante del Joia.

La vecchia stufa, sulla quale i cuochi del Joia hanno espresso i loro talenti per oltre quindici anni, continua a vivere nella comunità vaishnava di Firenze. Tutte le volte che torno dai monaci toscani, rivedo quell'antica stufa a otto fuochi, bella, lucida e in piena forma dopo alcune vitali riparazioni.

## La ricetta
## Pesto di sedano verde
*(la prima ricetta che ho imparato al Joia)*

Ingredienti (per 8 persone)
*100 g di foglie di sedano verde; 50 g di foglie di prezzemolo; 50 g di foglie di menta; 100 g di noci; scorza di limone; 200 g di olio extravergine d'oliva; sale.*

Sbollentare le foglie in acqua salata per 1 minuto.
Scolare e far raffreddare in acqua e ghiaccio.
Togliere le foglie e strizzarle con le mani.
Trasferirle in un cutter potente, unirvi la frutta secca, la scorza di limone, un pizzico di sale e l'olio a filo.
Frullare alla massima velocità fino a ottenere un pesto liscio e colorato.

*Questo è il pesto di sedano che amo fare durante le mie lezioni di cucina in tutta Italia. Al Joia serviva sia per condire la pasta fatta in casa sia per le verdure cotte in padella.*
*In questa ricetta si esprime un concetto molto importante per comprendere la filosofia del ristorante di Pietro.*
*Le foglie di sedano di solito non sono utilizzate in modo*

nobile, molto spesso finiscono nel bidone dei rifiuti.
Noi invece le univamo ad altre più delicate, come
il prezzemolo e la menta, in modo da creare un mix di
sapori delicati. Il sedano simboleggia anche la cucina cinese
dove viene abbinato ai cibi soprattutto piccanti. Le foglie
di sedano tritate finemente inoltre non mancavano mai nei
risotti di verdure e mantecati con la crema di burro.
Le noci, come insegna il mio maestro, il professor Umberto
Veronesi, aiutano a tenere basso l'indice glicemico
nel sangue.
L'olio d'oliva chiude la ricetta in modo da richiamare
l'Italia e la sua genuina tradizione gastronomica; di solito
nella nostra cucina c'erano bottiglie di olio extravergine
provenienti dal Garda, dalla Liguria, dalla Toscana,
dalla Puglia e dalla Sicilia. A seconda degli ingredienti
utilizzati si condiva il tutto con un olio ad hoc; e questo
era bellissimo.

# Joia II...
# Forse ce la faccio o forse no!

*farcela*

Un giorno, non proprio all'improvviso, Pietro, davanti ad alcuni chef di fama internazionale – Ferran Adrià, Carlo Cracco e Massimo Bottura, che stimavano estremamente il lavoro di Leemann – mi disse che mi avrebbe visto bene al comando della sua cucina stellata, e questo mi riempì di felicità.

Al Joia si diventa capo chef dopo aver fatto gavetta sia nelle diverse partite in cui è divisa la brigata di cucina sia per esperienze fatte sul campo. Io salii sul trono della cucina dopo solo sette mesi di durissimo lavoro; Pietro mi preparò a diventare il suo vice senza percorrere tutte le strade compiute dai miei illustri predecessori. Le responsabilità erano numerose e voluminose, tuttavia accettai il suo invito senza pensarci minimamente. Era l'occasione professionale della mia vita.

La brigata che organizzai con Pietro, subito dopo essere stato nominato chef, era composta da cuochi di straordinario valore umano e professionale. Tre cuochi si occupavano degli antipasti, tre dei primi piatti, tre dei piatti principali e un numero variabile di operatori lavoravano in pasticceria.

Dal circolo di via Panfilo Castaldi mi trasferii a casa di Pietro in via Lazzaretto, al secondo piano di un alto edificio della vecchia Milano. Dalla strada lo sferragliare del tram mi svegliava all'alba e in un attimo ero già ai giardini di Porta Venezia a camminare e recitare le preghiere hindu imparate anni prima studiando sui libri sacri e frequentando i monaci vaishnava. La mattina al parco era uno dei momenti di sana evasione dai doveri professionali. Vi incontravo runners sudati e cani di tutte le razze, liberi di correre all'impaz-zata... Milano piano piano stava curando le mie antiche ne-vrosi. Riuscivo a studiare e a fare anche attività motoria prima di andare al lavoro. Una ragazza bellissima dai capel-li biondi incrociava i miei sguardi la mattina al parco: lei correva felice e io ero intento a tenere a bada gli "organi dei sensi" con le pratiche mattutine. A Leemann piaceva ascol-tare le mie storie e come me vedeva nel mondo delle donne la parte più bella del creato.

La vita in cucina come tutti sanno non sempre è sana e adatta alle persone graciline. Arrivavo in pasticceria, la mia partita, alle 8.30 per fare i panini di mais e quelli integrali, le focacce di grano saraceno e i pani di farro, tutti creati (così come ora) con la pasta madre e con ingredienti biologici o biodinamici. Fino alle 12.30 ogni operatore aveva un compi-to preciso da svolgere come pulire, tagliare, tornire e cuocere.

Il servizio iniziava dopo aver mangiato tutti insieme, spesso gli stessi alimenti cucinati per i nostri ospiti. Per Pie-tro mangiare insieme era un rito quasi sacro. E poi arrivava-no i primi clienti; io passavo dalla pasticceria al pass, che si trova in testa alla cucina, a dare specifici comandi ai collabo-ratori. Da tale postazione era facile capire sia le dinamiche di lavoro sia i ruoli da assegnare ai collaboratori; ogni gior-no imparavamo qualcosa e le relazioni umane si intensifica-vano sempre più grazie al fascino della cucina vegetariana più bella e buona d'Italia.

Ogni stagione era caratterizzata da un menu realizzato con ingredienti freschi e il più possibile coltivati in Lombar-dia. Ai piatti storici, come l'Uovo apparente, lo Spaghetto all'italiana e la Tarte tatin, si aggiungevano via via nuove proposte, frutto di sperimentazioni continue.

Il piatto quadro è una formula che ha molto successo al Joia. È un grande piatto bianco, di solito servito solo a pranzo, che comprende cinque miniricette fresche e buonis-sime, che ci è servito molto per portare avanti nuove idee perché su tali proposte siamo stati più liberi di esercitare le nostre fantasie. Il piatto quadro è stato come una sorta di palestra sia per il salato sia per il dolce. Durante gli anni passati a fianco di Leemann ho imparato tutto quello che c'era da imparare riguardo all'alta cucina vegetariana. All'epoca il menu del Joia era composto anche da alcuni piatti a base di pesce e, d'accordo con Pietro, decidemmo che io non mi sarei occupato della "linea del pesce". Quando arrivavano gli astici vivi, io e Pietro scappavamo, letteralmente, dalla cucina, in modo da lasciare il tempo necessario ai nostri cuochi di cuocerli in acqua il più rapidamente possibile.

Senza dubbio, sul piano professionale, è stato il periodo più bello della mia vita. I ragazzi che arrivavano al Joia portavano con loro freschezza, leggerezza e competenze tecniche interessanti. Noi in cambio offrivamo loro disciplina, rigore tecnico e curiosità culinarie.

Le giornate erano regolate da sperimentazioni continue di idee e, come li definiva Pietro, di "concetti culinari". E la ricerca pura, come è facile immaginare, può condurre a destinazioni incerte. Una volta, sulla spinta di una suggestione condivisa, io e Leemann decidemmo di realizzare un dessert senza dubbio innovativo e privo di zuccheri raffinati. Gli ingredienti che lo avrebbero dovuto comporre erano barbabietola, liquirizia, dolcificanti naturali e farine semintegrali. Dopo vari test decidemmo di cuocerlo nel forno da pasticceria, quello grande e performante, in modo da renderlo il più goloso possibile. Stava per nascere un dolce alla Joia: innovativo, sano e colorato. Invece... Appena assaggiato, io e Pietro ci guardammo negli occhi stupiti dalla sua assoluta immangiabilità; era stato da poco creato un dessert che ci fece arrossire dalla delusione anziché il dolce della "svolta". Ci guardammo attorno e lo buttammo nel bidone della spazzatura ancora fumante poiché non volevamo lasciare in giro le prove del nostro disastro!

Sempre in quel periodo presero vita ricette come la maionese di mandorle cotta al vapore, cibo dello spirito, la pasta fatta in casa con la pasta di *seitan* e dessert classici privi di uova, per sostituire le quali usavamo ingredienti diversi: *tofu*, *kinugoshi*, proteine del latte, puree di legumi...

Sul piano personale, decidemmo di aderire alla dieta ayurvedica. Tecnicamente parlando, ci definivamo dei lacto-vegetariani, perché nella nostra dieta comparivano tutti i vegetali, il latte e i suoi derivati. Al ristorante mettevamo a punto delle antiche tecniche orientali: cagliavamo il latte di mucca con il succo di limone e il latte di soia con il *nigari*, un sale molto concentrato che si ricava dall'acqua marina. Entrammo, insomma, in una fase molto eccitante, poiché cercavamo di ricreare nuove categorie dalle quali ripartire per creare ricette golose, creative e dagli alti valori nutrizionali. Leemann, a mio avviso, è stato il primo top chef, in Italia, a pensare al proprio cliente come a un compagno di viaggio al quale bisogna offrire le bellezze delle proprie intuizioni, che devono essere in tutti i casi volte anche a preservare e migliorare la salute.

All'interno della cucina, una volta al mese, si svolgevano attività didattiche rivolte ai clienti abituali del ristorante. Le lezioni erano divise per prodotti o per aree di interesse. Nel primo caso si prendeva per esempio la zucca gialla come tema del corso e con essa si ricavava un menu completo, composto da antipasto, primo, piatto principale, dessert e pane, se necessario. Nella seconda ipotesi, invece, si metteva al centro un argomento, per esempio la cucina ayurvedica, e da lì si compiva un itinerario culinario composto di ricette della salute e di riflessioni esistenziali.

Trascorsi in questo modo momenti molto suggestivi. Le porte del nostro laboratorio si aprivano ai clienti del Joia che divenivano, per un giorno, cucinieri provetti. Per loro provo molta gratitudine poiché, grazie alle numerose domande, sono stato stimolato a proseguire gli studi e gli approfondimenti sulle materie legate all'alimentazione naturale. Ramona, Daniela, Marina, Edoardo e Gigi sono solo alcuni degli studenti che ho conosciuto durante le nostre lezioni. Passavo le ore libere a studiare libri di cucina ayurvedica, indiana, macrobiotica, cinese, giapponese, steineriana, kuosminiana... E spesso le conclusioni di queste autorevoli tradizioni alimentari coincidevano tra loro. Per esempio consigliavano tutte un uso moderato delle proteine animali e dello zucchero raffinato, che invece abbondano nella cucina della tradizione e nell'alta cucina.

Nel 2007 Pietro e io pubblicammo un libro dal titolo *Il diario di un cuoco*: un saggio sull'esperienza condotta da Leemann prima e dopo la creazione del Joia. Io scrissi metà delle ricette che comparivano nel libro e le inviavo all'editore scritte a mano su semplici fogli di carta da cucina. Ricordo l'emozione che provai quando vidi arrivare al ristorante la prima copia del libro; istintivamente chiesi a tutti i cuochi presenti di autografarmelo, poiché si era realizzato un sogno impensabile fino a qualche anno prima. Sentivo inoltre l'urgenza di ringraziare i ragazzi della brigata e i numerosi collaboratori in sala. Mi sentivo in buona compagnia al Joia: Milano, studio e tanto affetto.

Un anno dopo Pietro decise di realizzare un volume sui piatti del Joia; in pochi mesi, grazie anche alle foto di Francesca Brambilla e Serena Serrani, riuscimmo a dare alle stampe *Joia. I nuovi confini della cucina vegetariana*, sulle ricette storiche e su quelle del nuovo corso del ristorante, che si rivolgeva sia ai professionisti sia ai lettori e ai cuochi curiosi. In ogni caso, per me, il capolavoro di Pietro rimane il libro del 1996, *Joia. Colori, gusti e consistenze nell'alta cucina naturale*, dove, grazie anche alla veste grafica molto curata e alla collaborazione di Nicla Nardi, il suo lavoro emerge in tutta la sua unicità.

E la vita continua... Arrivavano sempre nuove leve che si alternavano tra loro: cuochi italiani, europei, americani e asiatici. Tra quest'ultimi voglio ricordare Masa, un bravo cuoco giapponese che rimase al Joia per anni. In cucina portava sempre con sé un traduttore digitale simultaneo dall'italiano al giapponese e viceversa. In pochi mesi riuscì a padroneggiare la nostra lingua diventando nel tempo una delle colonne del ristorante. Adesso Masa lavora in Giappone in un ristorante dove alle bellezze della cucina nazionale si aggiungono delle chicche di italica memoria.

E poi arrivò Fabrizio, l'attuale responsabile della cucina del Joia. Nel corso degli anni ho avuto modo di conoscere tanti cuochi bravissimi e molto determinati, e Fabrizio, oltre a essere toscano come me, è anche un vero fuoriclasse in cucina, un cuciniere che non passa inosservato. Oltre a possedere doti di cuoco sensibilissimo, nel corso del tempo si è avvicinato sempre di più alla cucina vegetariana. Di lui ricordo il rigore sul lavoro, la leggerezza tipica di noi fiorentini e la profondità d'animo come amico e come collega.

Nel frattempo cresceva in me il desiderio di lavorare anche fuori dal ristorante; così nel 2009 iniziai a tenere corsi di cucina presso alcune scuole alberghiere milanesi, hotel stellati e altre piccole strutture del Nord Italia. Insomma, dopo anni passati nel chiuso delle cucine, cercavo di ristabilire dei contatti umani. Pensavo al consiglio di Aristotele: "L'uomo per realizzarsi pienamente, essendo prima di tutto un animale, deve stare con i simili anche a parlare di filosofia...". Spesso, durante i corsi di cucina che tenevo al di fuori del ristorante, venivo aiutato anche dai ragazzi del Joia, che forse, come me, amavano stare ogni tanto in mezzo alla gente comune.

Seguivo da anni le lezioni del professor Ferrini e un giorno, in occasione di un suo seminario a Milano, nell'aula magna dell'ospedale Niguarda Ca' Granda, organizzai un incontro tra il mio maestro di vita e quello di cucina. Subito dopo la conferenza, i due giganti ebbero un incontro privato e accadde qualcosa di magico, visto che poi Pietro divenne un attento studente dell'accademia fondata proprio da Ferrini.

Già durante il viaggio di ritorno al Joia, Pietro iniziò a pormi delle domande molto evocative; voleva sapere più cose possibili riguardo ai miei studi e alle mie passioni extraculinarie. Il nostro rapporto si rafforzò ancora di più in funzione di questioni legate allo spirito e, durante il servizio, spesso, invece di parlare di sferificazioni varie e glassature alla moda, dissertavamo delle grandi correnti di pensiero che hanno caratterizzato la storia dell'umanità: dalla filosofia indiana a quella greca, passando per la mistica cristiana tanto cara a Pietro. Il Joia era un laboratorio delle esistenze, oltre che il centro di ricerca vegetariana più ardito d'Europa.

Un'altra avventura straordinaria fu quella cinese. In occasione dell'Expo 2010 di Shanghai, Pietro e io ci recammo a cucinare nel Padiglione italiano. Leemann tenne anche un corso a dei curiosi operatori della ristorazione cinesi. Eravamo con Paolo Marchi, il più famoso giornalista gastronomico italiano, e alcuni suoi stretti collaboratori, e insieme andammo a mangiare anche in alcuni ristoranti vegetariani della città dove servivano piatti legati alla tradizione monastica buddhista, quindi vegani per definizione. Più di una volta fummo colpiti dal fatto che alcune ricette avevano sapori e presentazioni non dissimili dai piatti classici della cucina cinese. Al posto del rinomato pollo con gli anacardi, proponevano una versione vegetale che diventava bocconcini di *seitan* glassati con pastella di riso e anacardi tostati, il *tofu* era servito con una glassa agrodolce, funghi e alghe leggermente tostate. Il sapore finale ricordava il nostro "mare e monti". Buonissimo! I camerieri si arrabbiavano molto quando noi mettevamo in dubbio la natura vegetale delle ricette assaggiate, ma tanta era la somiglianza che qualche dubbio era penetrato dentro le nostre menti diffidenti. Mangiavo riso cinese tre volte al giorno e Pietro osservandomi mi fece notare il fatto che, secondo lui, io ero più cinese dei cinesi. E aveva ragione, perché per me il riso, insieme all'olio d'oliva, è un ingrediente irrinunciabile.

Tornati dalla Cina vedevo ancora di più il mondo come un eterno scenario in cui agire allo scopo di scoprire le parti migliori della nostra personalità. Il Joia aveva fatto anche questo; mi aveva aperto alla cucina d'autore e non si poteva più tornare indietro. L'Oriente come dice la parola stessa ci serve anche per "orientarci" verso la culla dove sono nate grandi tradizioni religiose, culturali e culinarie. L'India e la Cina sono dei luoghi in cui vorrei trascorrere l'ultima stagione della mia vita.

## La ricetta
## Maionese al latte di mandorla
### *(ricetta crudista)*

Ingredienti per 500 g di maionese *raw*
Per il latte di mandorla integrale crudo: *250 di mandorle con la pelle; 750 g di acqua.*
Per la maionese *raw*: *200 g di latte di mandorla integrale crudo; 20 g di succo di limone; 260 g di olio di mais bio; 60 g di olio extravergine d'oliva; 4 g di sale.*

Frullare in un cutter potente le mandorle a secco per alcuni secondi. Aggiungere a filo l'acqua e continuare a frullare per 1 minuto alla massima velocità. Mantenere in frigo e consumare entro pochi giorni.
Pesare 200 g di latte crudo e trasferirlo in un apposito bicchiere. Aggiungervi il succo di limone e il sale.
Unire i due oli e versarli a filo sul latte. Con il frullatore a immersione miscelare tutto gli ingredienti. Al termine dell'operazione bisogna ottenere una maionese stabile e soffice.

## La ricetta
## Maionese al latte di mandorla cotta al vapore

Ingredienti
*Maionese* raw.

Rivestire uno stampino di metallo, aperto su due lati,
con la pellicola trasparente. Aprire uno dei due fori e inserirvi
all'interno la maionese fino al bordo. Chiudere con la pellicola
e mettere lo stampo in un cestello apposito di bambù
per la cottura al vapore. Adagiare il cestello sul fondo
di una casseruola nella quale bolle dell'acqua. Chiudere con
il coperchio e far cuocere a fuoco sostenuto per 10 minuti
facendo attenzione a non mettere troppa acqua nella pentola;
questa non deve toccare il fondo del cestello.

## La ricetta
## Pan di Spagna della salute allo zafferano

Ingredienti per un pan di Spagna da 850 g circa
*280 g di farina tipo 2; 20 g di fioretto di mais; 150 g
di zucchero di canna chiaro; 270 g di latte di mandorla
al naturale; 140 g di olio di mais; 1 bustina di zafferano;
1 bustina di cremortartaro; un pizzico di sale; scorze
di limone.*

In una bacinella di metallo mescolare le due farine insieme
allo zucchero, il cremortartaro, il sale e le scorze di limone

tritate finemente. In un bicchiere mettere il latte, l'olio
e lo zafferano; girare con una frusta in modo da miscelare
bene tra loro gli ingredienti.

Versare la parte liquida sugli ingredienti secchi e lavorare
l'impasto con una spatola morbida per alcuni minuti.
Trasferire il composto nello stampo (28 x 22 cm),
precedentemente oliato e infarinato e cuocere in forno
a 170 °C per 22 minuti. Lasciar raffreddare bene prima
di togliere il pan di Spagna dallo stampo.

A piacere farcire il pan di Spagna vegetale con confetture
o creme leggermente speziate.

# Giugno 2008

Cucinare ayurvedico è una grande occasione emozionale; il cibo sano, buono e vero può creare salute o intossicamento. La genuina sensibilità tipica degli indiani è stata in grado di codificare una scienza olistica a tutto tondo. Nel mio periodo indiano ho avuto grandi difficoltà a trovare cibo ayurvedico che di solito è meno speziato e meno fritto rispetto a quello tradizionale indiano. Anche in India, come da noi, la maggior parte dei ristoranti pensa solo al gusto e alla sua componente esteriore. La salute non passa attraverso le preparazioni cotte in oli dall'origine incerta, dall'utilizzo di ingredienti non sani e idrogenati. Solo nelle cliniche specializzate e create ad hoc si possono ancora riassaporare cibi genuini e essenziali come il *kitchari*, crema di riso basmati e lenticchie bianche dal sapore ayurvedico e dal potere purificante.

Gli ultimi esami accademici, come concordato con i miei più stretti insegnanti, vertevano sull'antica tradizione medica indiana: l'ayurveda. La dottoressa Priscilla Bianchi e la dottoressa Beatrice Ungarelli da tempo mi suggerivano di approfondire, dato il mio lavoro, le tematiche legate alla salute umana da una prospettiva completa e olistica. Secondo loro il cibo da me cucinato poteva essere un veicolo attraverso il quale trasferire ai miei ospiti tanta salute!

Dopo anni passati a studiare la filosofia e la psicologia indiana il destino mi mise davanti testi e lavori legati all'antica medicina indiana. Fino a quel momento avevo solo sfiorato l'ayurveda, ovvero, di tanto in tanto, nei miei libri preferiti si parlava delle bellezze legate al massaggio, alla medicina olistica e cosa a me gradita, alla dieta ayurvedica.

Pensavo che tale tradizione fosse prima di tutto formata da precetti e norme di condotta legati profondamente al contesto e all'epoca in cui tale scienza aveva preso le mosse. In realtà essa è di grande portata anche per noi moderni occidentali poiché tratta dell'essere umano nella sua totalità. L'uomo viene osservato e indagato nei suoi tre piani antropologici: fisico, psicologico e spirituale.

A differenza della nostra medicina, quella tradizionale indiana non si occupa solo della sintomatologia legata alla malattia, bensì si prende cura del soggetto che sta male. Per esempio, ne indaga le abitudini quotidiane, le relazioni sia con le persone sia con la natura, la dieta e tanti altri aspetti legati al comportamento. Un medico ayurvedico può fare delle domande molto personali al paziente allo scopo di esplorare nel profondo le tante subpersonalità che albergano in lui spesso in modo conflittuale. Un vero e sincero ricercatore del benessere può chiedere al suo ospite a che ora si alza la mattina, a che ora pranza, quali sono le attività che più gli riscaldano il cuore, quali cibi preferisce e tante altre cose legate alla routine quotidiana. La pulizia e del corpo e della mente viene caldamente raccomandata al fine di prevenire le infinite malattie che, grazie alla nostra errata percezione del reale, colpiscono l'uomo in tutte le sue fasce di età. La pulizia del corpo prevede bagni caldi, massaggi, purificazioni di tutti i tipi. La pulizia della mente invece è legata alle pratiche della preghiera e della meditazione profonda. In sanscrito, l'antica lingua indiana, la parola *mantra* evoca una sorta di litania lunga e ripetuta; la sua ripetizione serve a calmare la nostra mente, irrequieta e sempre estrovertita. I saggi ayurvedici raccomandano di recitare i mantra o le preghiere (di tutte le tradizioni religiose) tutti i giorni, possibilmente alla stessa ora, in modo da abituare la nostra persona al dialogo interno e all'ascolto dei suoni che salgono dal profondo del nostro inconscio *karmashaya*.

L'ayurveda, come scienza della vita, nasce in India millenni prima di Cristo in seguito alla necessità, del tutto umana, di trovare dei rimedi ai mali che già affliggevano gli abitanti del subcontinente indiano. Saggi e profondi ricercatori si isolarono alle pendici dell'Himalaya con l'intento di capire le leggi che regolavano l'universo e il processo della malattia. La loro profonda dedizione e genuina attitudine commosse il mondo divino. In risposta, Davanthari, la divinità preposta al mantenimento della salute cosmica, suggerì ai veggenti pratiche e rimedi utili all'alleggerimento delle pene umane. I saggi, *rishi*, misero per iscritto tali verità andando a formare un patrimonio di inestimabile valore, che è arrivato fino a noi grazie alla trascrizione e alla straordinaria capacità d'ascolto che possedevano i *rishi* indiani. La memoria diviene lo strumento attraverso il quale avviene la trasmissione del sapere sacro, in ambito medico, dai piani alti della creazione al mondo degli umani.

Grandi scienziati del passato come Caraka (forse I secolo d.C.) e Sushruta (not. 1200-600 a.C.) compilarono dei trattati di medicina generale e di chirurgia talmente dettagliati nei particolari da essere, per certi aspetti, di straordinaria modernità anche per i giorni nostri. Solo per fare un esempio Sushruta, il mitico chirurgo ayurvedico, effettuava anche operazioni chirurgiche di alta precisione, con appositi strumenti "da sala operatoria" allo scopo di saldare tra loro ossa spezzate e ricucire ferite interne.

*Ayurveda* è una parola costituita da due parti *ayur* (vita) e *veda* (conoscenza), letteralmente significa "scienza della vita": si occupa di medicina, psicologia, spiritualità, cultura e anche di cucina.

Ogni essere umano è condizionato più o meno esplicitamente da tre macro forze chiamate tecnicamente *dosha*.

Esse sono *Vata*, *Pitta* e *Kapha*.

*Vata* richiama l'elemento dell'aria. Quindi i movimenti esterni e interni come i processi metabolici sono regolati da questa forza. Le persone *vata* sono creative, sempre in movimento, un po' nelle nuvole e spesso in ansia. Non devono mangiare cibi troppo ricchi di aria come i cavoli e i legumi.

*Pitta* si associa al fuoco. Il calore interno e i processi digestivi dipendono da questa forza sottile. Le persone *pitta* sono molto intelligenti, amano il comando e si arrabbiano facilmente. Non devono mangiare cibi piccanti e troppo riscaldanti.

*Kapha* si associa alla terra e all'acqua. Grazie a tale *dosha*, le persone trovano stabilità fisica e psicologica. Le persone *kapha* amano una vita semplice, gli affetti familiari e non si sottraggono alle responsabilità. Non devono nutrirsi, per non aggravare la loro natura, con cibi troppo raffinati, dolci e grassi.

Il cibo, secondo l'ayurveda, può essere curativo; a seconda della natura della persona si possono consigliare degli alimenti sia per mantenere la salute psicofisica sia per ripristinare una forma adatta alla nostra natura.

La dieta ayurvedica, a differenza delle mode o dei consigli a buon mercato, raccomanda di mangiare, con moderazione, cibi esclusivamente vegetariani, freschi e legati alle nostre terre. Un adagio indiano, legato al buon senso, consiglia di mangiare cibi di stagione, non conservati a lungo e cresciuti vicino a dove abitiamo poiché le emozioni e le energie che ci hanno nutrito sono le stesse che hanno consentito alle piante di generare i propri frutti. È come se creature e creato fossero in sintonia tra loro grazie a questo indissolubile legame fatto di sottili energie *prana*. Seguendo tale principio, un milanese dovrebbe preferire cibi lombardi e un siracusano, beato lui, dovrebbe nutrirsi con cibi legati alla tradizione siciliana.

La nostra costituzione doshica sarebbe la cartina di tornasole; i nostri gusti, le tendenze e le predisposizioni sono influenzati da tale forza sottile.

Una persona prevalentemente *vata*, avendo molta aria all'interno, dovrebbe preferire cibi pesanti come i cereali integrali e dolcificanti naturali.

La persona *pitta*, essendo influenzata dal fuoco, dovrà evitare cibi riscaldanti come il peperoncino, frutti e vegetali aspri, aglio e cipolle.

La persona *kapha*, caratterizzata dall'elemento terra e acqua, dovrà preferire alimenti freschi e leggeri ed evitare così quelli a lungo conservati e pesanti come dolci e grassi.

Inoltre l'ayurveda attribuisce grande importanza alla teoria dei sei gusti *rasa*. Ogni alimento possiede uno specifico gusto che a sua volta è in grado di influenzare sia sul piano psichico che fisico.

I sei gusti sono: *acido, amaro, astringente, dolce, piccante* e *salato*.

*Acido*: stimola l'appetito e la produzione della saliva. Frutta e verdure aspre, limone, pompelmo, yogurt.

*Amaro*: purifica l'organismo al suo interno, depuratore del sangue. Verdure a foglie verdi, scorze di agrumi, spezie orientali.

*Astringente*: equilibra le forze biochimiche e i processi metabolici. Banane immature, legumi, kiwi, cachi.

*Dolce*: calmante e stimolante il pancreas. Cereali, patate, dolcificanti naturali.

*Piccante*: riscaldante e stimolante digestivo. Peperoncino, peperoni, erbe aromatiche.

*Salato*: rafforza l'appetito e regola i liquidi interni. Salgemma e sale marino integrale.

Dalle mie esperienze, consiglio di inserire in ogni ricetta più *rasa* possibili, in questo modo il cibo diviene un veicolo potente nel quale è possibile trovare più forze energizzanti.

In sintesi un menu ayurvedico dovrebbe essere come un concerto musicale (Ernst Schrott); un pasto dovrebbe essere composto da cibi diversi e in equilibrio tra loro.

Cereali semintegrali, verdure crude e cotte, legumi, cibi agrodolci e tisane dovrebbero comparire, con proporzioni equilibrate, nei nostri pasti. Nutrirsi diviene un atto importante e responsabile; il suo scopo è dare forza alla nostra struttura psicofisica. Scopo ultimo dell'uomo è l'elevazione ai piani più alti dell'esistenza in armonia con le creature e il creato; ecco perché è importante non cucinare cibi che hanno richiesto l'uccisione di un nostro fratello animale!

Sarebbe un'avventura a bella e affascinante aprire in Italia un ristorante ayurvedico di stampo mediterraneo. L'idea mi piace anche perché, girando gran parte dell'Italia per motivi di lavoro, ho scoperto tradizioni e ricette legati alla terra, ingredienti poco conosciuti ma che si adattano bene alla cucina ayurvedica. In questo modo potremmo creare menu giornalieri realizzati solo con pochi ingredienti freschissimi e di facile reperibilità, quindi legati alle terre vicine.

### Menu giornaliero ayurvedico
Antipasti: prevalentemente di cibi crudi come insalate amare, erbe profumate e intingoli golosi.

Zuppe: di verdure cotte o crude (gazpacho) oppure di legumi come le lenticchie nostrane.

Primi: di cereali semintegrali con verdure, frutta secca.

Piatti principali: a base soprattutto di legumi italiani o altri cibi proteici come la frutta secca e i semi oleaginosi.

Verdure: insala.. calde con verdure di stagione e tante erbe aromatiche o spezie riscaldanti.

Dessert: dolci poco dolci realizzati soprattutto con latti vegetali, poco glutine e farine semintegrali.

Bevande: tisane, al posto del vino e dell'acqua gassata, tiepide e profumate con erbe spontanee o spezie digestive.

### Menu invernale ayurvedico italiano delle feste
Cous cous di cavolfiore condito con succo di limone, tante erbe e olio ai capperi

Crema di sedano rapa, ginepro e olio piccante

Pasta di farro condita con il burro di nocciole e verdure invernali

Lenticchie in umido al latte di mandorla

Insalata russa con maionese di soia

Crema da bere alla vaniglia e zafferano con biscotti di farina di riso

Tisana ai semi (finocchio, cumino, cardamomo...)

## La ricetta
## Crema di patate con mela verde e ginger

Ingredienti (per 4 persone)
*400 g di patate bianche; 100 g di mela verde; olio piccante; scorza di limone; sale integrale; ginger fresco (1 cm); cialde di lenticchie croccanti Pappadam.*

Pelare le patate, la mela e il ginger. Tagliare il tutto a fette regolari e trasferire in una casseruola dal fondo spesso. Aggiungere la scorza di limone, il sale e coprire con dell'acqua. Far sobbollire per 20 minuti; togliere dal fuoco e lasciar riposare alcuni minuti. Frullare con il minipimer fino a ottenere una consistenza liscia e omogenea. Condire con olio extravergine, olio piccante e correggere di sale se necessario.
Servire la crema di patate e mela verde con accanto le cialde di lenticchie precedentemente cotte in olio a 180 °C per 1 minuto.

*Tale ricetta rispecchia in modo equilibrato le bellezze ayurvediche e la teoria dei sei gusti ed è così sintetizzata: acido (mela verde), amaro (scorza di limone), astringente (cialde di lenticchie), dolce (patate), piccante (olio piccante), salato (sale integrale).*

# Dopo le certezze milanesi

Nel marzo 2011 decisi di lasciare il Joia per dedicarmi alla diffusione del vegetarianesimo. Cominciò così per me un periodo di grande dinamicità: corsi di cucina, serate a tema nell'Italia del Nord, consulenze e tante altre cose ancora.

Ma procediamo con ordine.

Con l'Associazione Vegetariana d'Italia, presieduta da Carmen Somaschi, iniziò un rapporto di lavoro che sarebbe durato un paio di anni. In quel periodo frequentavo spesso la piccola biblioteca all'interno della sede nazionale in viale Brianza, nei pressi di piazzale Loreto.

Tra le altre cose, scoprii che esistono popolazioni, lontane dalle abitudini occidentali, che riescono a vivere in salute e in serenità nonostante la loro dieta sia esclusivamente vegetariana. Solo per fare un esempio gli hunza, che vivono negli altipiani pakistani, mangiano pochi alimenti e di origine vegetale: i legumi non trattati e i cereali ricchi di fibre sono la base della loro dieta. Sia gli uomini sia le donne vivono a lungo, sono magri e fanno attività fisica fino alla fine dei loro giorni; spesso muoiono dopo un breve periodo di decadimento psicofisico. Non soffrono di malattie cardiache e sono poco soggetti alle patologie oncologiche. Non conoscono la senilità o le malattie legate all'invecchiamento lento e inarrestabile. Vivono in mezzo alla natura tutto l'anno, non si rifugiano in luoghi artificiali neanche per lavorare; a causa delle poche risorse agricole a disposizione compiono semidigiuni per settimane. In alcuni testi antropologici si parla di hunza capaci di camminare senza sosta per 200 chilometri.

Con l'AVI iniziammo, alcune domeniche al mese, a fare dei corsi di cucina vegetariana presso il prestigioso Hotel Hilton, vicino alla stazione Centrale di Milano. All'epoca mi facevo aiutare da Federica Zambelli, una bellissima ragazza emiliana che avevo conosciuto al Joia e che lavorava negli altri giorni della settimana in Ferrari.

Durante le lezioni ne succedevano di tutti i colori: le domande erano sempre più incalzanti e dettagliate, spesso gli studenti volevano sapere come si diventa cuochi vegetariani nel senso professionale del termine. Mi domandavano: "A che ora ti alzi la mattina? A che ora vai a letto? Posso diventare la tua fidanzata?".

Mi sorprese non poco vedere che la pasta fatta in casa ripiena di ricotta non era mangiata da tutti. Gradivano molto di pi` i ripieni vegetali, tanto per intenderci quelli fatti con *tofu* strapazzato e verdure. Il mio pubblico era composto da vegani e persone curiose nei confronti della cucina sana e vegetariana.

Dopo quell'episodio, io e Carmen decidemmo all'istante di presentare ai nostri corsi solo ricette vegane; il cibo vegetariano non era gradito da tutti, quello vegano invece sì. Da allora non ho più cucinato in pubblico cibo vegetariano e le ricette preparate nei ristoranti, nella vita privata e nelle attività formative sono vegetali.

Cominciava per me una fase fatta di studi anche di natura filosofica; leggevo F. Berrino, C. Guglielmo, T. Regan, P. Singer, U. Veronesi, M. De Petris ecc...

Con Elena Alquati, esperta di medicina e cucina macrobiotica e che si occupa dell'insegnamento della scienza medica tradizionale cinese a tanti livelli, e suo marito Francesco iniziammo a scambiarci informazioni riguardo alle nostre esperienze lavorative e curative. Mi furono presentati dal professor Di Mauro della scuola alberghiera A. Vespucci.

Elena non solo è una cuoca del progetto Diana di Cascina Rosa di Milano, ma è soprattutto una donna molto intelligente e umile come solo i saggi sanno essere. Nel suo studio oltre alle normali visite curative si svolgono piccole attività didattiche come corsi di cucina della salute e di massaggi terapeutici d'ispirazione cinese. Lei e Francesco sono dei cuochi macrobiotici preparati non solo per cucinare ma anche per spiegare quanto la nostra salute sia legata alle abitudini di vita, quella che tecnicamente viene spesso definita come routine quotidiana. Io presentavo e raccontavo di tanto in tanto, ai suoi studenti, la cucina ayurvedica, mentre lei mi aiutava a ridurre al minimo le divisioni che le due grandi scuole di cucina e di vita possono presentare. In un corso tenuto da me nel suo studio faticai molto a introdurre il latte di cocco nel programma della giornata. Per l'ayurveda, infatti, il cocco è un ingrediente dall'alto valore nutritivo; secondo gli scienziati dell'antica medicina indiana, aiuta a purificare il sangue e a regolare alcune importanti funzioni fisiologiche. La macrobiotica di scuola europea, invece, non vede di buon occhio il latte vegetale più utilizzato in India. Secondo Elena, tali bevande sono troppo lontane dal nostro patrimonio genetico; lei aggiunge che vanno bene per coloro che vivono ai Tropici. Per le popolazioni del Mediterraneo meglio usare bevande meno grasse come il latte di mandorla, di nocciola e di cereali antichi come avena, grano saraceno e miglio. Ma il latte di cocco, a mio avviso, è buono e di aiuto per creare una pasticceria vegetale golosa. La sua grassezza, secondo me e molti miei studenti, dona alle preparazioni dolci una consistenza che ricorda quella della panna.

Suo marito Francesco è un maestro della pasticceria della salute; per fare i dolci usa solo farine semintegrali (tipo 2) e zuccheri poco energizzanti come i malti di cereali, la frutta essiccata tritata finemente e soprattutto il dolcificante più sano al mondo l'*amasake*, che si ottiene dalla lavorazione del riso dolce orientale che, una volta stracotto, viene inoculato con un ceppo fermentativo chiamato *koji*. L'*amasake* è un dolcificante naturale che non fa male alla salute, anzi.

Oltre a non innalzare la glicemia nel sangue, secondo gli scienziati macrobiotici, regola alcune funzioni gastriche e intestinali.

Francesco è anche uno sperimentatore; da lui ho affinato le tecniche per far fermentare il *tempeh* di soia gialla e di semi vari. Nella sua dimora milanese ha perfino costruito una camera termostatica dove far maturare le preparazioni fermentate: *natto* giapponese, *tempeh*, pane e brioche fatti con la pasta madre.

Nel corso degli anni l'amicizia con Elena si è consolidata sempre più, tanto da divenire per me, anche quando vivevo a Roma, una stella polare alla quale rivolgermi nei momenti del bisogno. A lei sono grato come con poche persone, il mio primo libro *Cucina vegana* ha nella parte introduttiva riferimenti alla cuoca macrobiotica più preparata d'Italia.

Presso la sede dell'AVI, nel 2011 incontrai Enrico Buselli, esperto di comunicazione e temi legati al mondo *green* e ristoratore a Volterra e dopo soli pochi mesi dal nostro primo incontro fondammo l'Organic Academy, una scuola itinerante di cucina vegetariana.

Con la Fondazione Umberto Veronesi prese avvio una collaborazione che dura ancora oggi. Oltre alla realizzazione di dispense riguardanti la sana alimentazione, organizzo con loro eventi che hanno lo scopo principale di diffondere il vegetarianesimo a tutti i livelli. Solo per fare degli esempi, ci rechiamo nelle scuole alberghiere locali, nelle aziende tessili della Lombardia, in importanti case di cosmesi a mostrare e a parlare di questioni che attengono la sana alimentazione e la salute in genere. Il pubblico spesso si mostra entusiasta e desideroso di approfondire i temi da noi trattati. Ci chiedono di partecipare a corsi di cucina vegetariana tenuti anche all'interno delle fabbriche sia per i cuochi sia per gli operai.

Con il professor Umberto Veronesi iniziai un rapporto bellissimo e molto stimolante; lo incontravo sia nelle serate organizzate dalla sua Fondazione sia a casa sua, dove cucinavo per la sua famiglia e i suoi ospiti. Ricordo che dopo una cena a casa sua, Veronesi mi chiese dell'India e delle esperienze fatte in Oriente. Rimasi colpito dalla sua umanità e assoluta imprevedibilità: le sue domande non erano per nulla scontate! L'introduzione al libro che stavo scrivendo per Mondadori fu a cura dallo stesso professore, che negli ultimi anni si è dedicato molto alla promozione dei temi vegetariani.

Come pochi sanno, Umberto Veronesi è diventato vegetariano principalmente per motivi etici: fin da piccolo non sopportava che venissero uccisi gli animali che vivevano in pace nell'aia della cascina dove è cresciuto. In questo mi sento molto vicino a lui perché anch'io non ho mai sopportato di vedere scene di caccia e di violenza nei confronti dell'uomo e degli animali. Fin da piccoli avevamo bisogno di estendere il più possibile questo sentimento. Ci chiedevamo perché il cane debba godere delle coccole più affettuose e il povero coniglio, animale intoccabile in Cina, spesso venga messo in forno con le patate. Ma le patate non sono già buone da sole? "Al massimo", dicevo a mia mamma, "possiamo usare il rosmarino e la salvia che crescono nel giardino di via Pisana a Scandicci". Mi piace pensare che anche il professore, da piccolo, ponesse a sua madre domande di questo tipo.

Nello stesso periodo cominciai a collaborare con la Cascina Rosa, dove ancora oggi vengono organizzati periodicamente dall'Associazione Salute Donna Onlus i corsi di cucina naturale per la prevenzione oncologica e la gioia di vivere, aperti a tutti, presentati dal professor Franco Berrino, noto medico ed epidemiologo.

Insieme a Elena, Giò (la moglie di Berrino), Marco Bianchi, già noto al pubblico televisivo, e altri volontari straordinari cucinavamo i fine settimana quando la Cascina si apriva al pubblico composto da pazienti e familiari. Intere famiglie passavano la domenica in questa meravigliosa struttura che si trova nel capoluogo lombardo. Il progetto Cascina Rosa, che fa parte della Fondazione IRCCS – Istituto Nazionale dei Tumori con sede a Milano, nasce anche con l'ambizione di aiutare le persone affette da patologie oncologiche a mangiare cibi sani, genuini e soprattutto ancora vivi sul piano nutrizionale. Marco, che all'epoca era ancora sconosciuto ai più, in quel periodo stava scrivendo il suo libro più famoso *I magnifici 20*, un libro molto utile anche a noi cuochi.

Durante le giornate in Cascina assistevo alle lezioni di cucina di Elena e Francesco, oppure stavo ai fornelli con Marco a preparare ricette biologiche e vegane. Di tanto in tanto, veniva cucinato anche il pesce; io spiegavo dal mio punto di vista che una cucina sana, nel senso più ampio, non può nascere dalla soppressione delle vite di esseri animali. I miei colleghi rispettavano nel profondo la mia visione della sana cucina tanto da tenermi lontano dalle pentole dove venivano cotti i miei amici con le pinne. L'ayurveda veniva in mio soccorso, mi rispondevo: "Certo che certi elementi nutritivi sono presenti in misura importante nel pesce di mare... Ma non posso far uccidere un essere vivente per riempire la pancia. Cosa diversa sarebbe se non avessi alternative; in questo caso sì che accetterei senza esitazioni anche il cibo animale...".

E poi scoprii, leggendo libri e parlando con la dottoressa vegana Michela De Petris, che i famosi Omega 3 e Omega 6 si trovano sia nei semi di lino sia nella frutta secca, e che quindi era possibile cucinare pensando di continuo alla salute dei nostri ospiti; la macrobiotica a mio avviso è un potente mezzo attraverso il quale ripristinare un sano equilibrio fisico e rafforzare così il sistema immunitario.

L'ayurveda pensa anche alla nostra sfera psichica, ecco perché consiglia di adottare un regime vegetariano. Il comportarsi nel modo giusto nei confronti del Creato è il primo passo verso una cura psico-fisica di lunga gettata.

Nelle magiche domeniche passate a Cascina Rosa non posso non ricordare i corsi rivolti ai bambini le cui mamme magari erano state operate al seno.

I bambini calmissimi stavano con me e alcuni volontari a fare i biscotti senza zucchero, mentre le mamme agitatissime se ne stavano fuori senza sapere cosa fare senza i loro pargoletti. E dopo i biscotti, i piccoli si accomodavano all'aperto ad ascoltare le antiche storie raccontate dal grande Berrino. Le loro menti si riempivano di folletti e animali selvatici... E, come diceva Terzani, a volte bisognerebbe dare il potere mondiale ai poeti, ai folli e ai bambini. Visto quello che combinano i grandi soloni, verrebbe quasi da pensare ai bambini come ai nuovi saggi.

Berrino era capace anche di stimolare la fantasia fertilissima dei piccoli allievi grazie all'esibizione di artisti di strada, giocolieri e artigiani che per l'occasione erano invitati alla Cascina.

### La ricetta
### Biscotti senza zuccheri 1
### *(ricetta base)*

Ingredienti per 400 g di biscotti
*180 g di farina semintegrale di tipo 2; 20 g di fioretto di mais; 120 g di malto di riso o di mais; 50 g di olio extravergine d'oliva; 50 g di albicocche secche; ½ bustina di cremortartaro; scorza di limone tritata finemente; un pizzico di sale.*

Mettere in una bacinella le due farine, il cremortartaro setacciato, la scorza di limone e il sale. Unire in un

bicchiere il malto e l'olio ed emulsionare con un frullatore a immersione. Versare la parte liquida sugli ingredienti secchi, aggiungervi le albicocche tritate grossolanamente e lavorare il composto con le mani per alcuni minuti.
Fare una palla e lasciarla riposare per 1 ora.
Stendere l'impasto con un matterello di legno fino a ottenere una sfoglia dello spessore di pochi millimetri.
Trasferire la sfoglia nel congelatore e lasciarla riposare per 1 ora.
Con un coppapasta tondo creare dei dischi di pasta del diametro di 5 cm. Adagiarli sopra una placca da forno rivestita con la sua carta e cuocerli in forno a 170 °C per 7-8 minuti.
Lasciar raffreddare completamente prima di servire.

## La ricetta
### Tartufi di cioccolato e mandorle

Ingredienti (per 8 persone)
*200 g di cioccolato fondente al 70%; 10 g di latte di mandorla al naturale; 40 g di prugne secche; scorze di limone; scorze di arancia; 20 mandorle intere; 100 g di granella di mandorle.*

Tritare il cioccolato grossolanamente e trasferirlo in una bacinella di metallo.
Mettere sul fuoco il latte, le prugne secche tritate finemente e le scorze tritate. Quando bolle versarlo sopra il cioccolato.
Togliere dal fuoco e girare subito con una frusta in modo da creare una ganache liscia e lucida.

Trasferire il composto su una placca di metallo e farlo raffreddare in frigo per alcune ore.
Con le mani leggermente bagnate, creare delle palline da circa 20 g ciascuna.
Mettere una mandorla al centro di ciascuna sfera di cioccolato e riporle in frigo per 20 minuti.
Passarle nella granella di mandorle e servirle a temperatura ambiente.

# Grandi progetti,
## sempre meno soldi

Sempre nel 2011 incontrai Venetia Villani, che mi offrì di collaborare con la rivista "Cucina Naturale", diretta da lei. Sono ormai cinque anni che scrivo per la stessa casa editrice che anni fa ha pubblicato il capolavoro *La cucina dell'ayurveda. Nutrire il corpo e l'anima,* scritto da Ernst Schrott, esperto di medicina e alimentazione ayurvedica secondo la scuola maharishi.

Accettai la proposta di Venetia che prevedeva di scrivere alcune ricette di dolci salutari ogni mese, illustrate dalla fotografa Laila Pozzo, con la quale nel corso del tempo ho stretto amicizia.

Laila è una ragazza intelligente e creativa, il suo studio è un luogo accogliente a tal punto che lei ci vive e ci lavora 365 giorni l'anno. La cucina dove io preparo le ricette da fotografare è anche la zona in cui lei si cimenta ai fornelli. La sua casa è piena di libri e mentre lavoriamo insieme amiamo ascoltare la musica ad alto volume: dalle casse potenti escono suoni spesso registrati negli anni settanta. Laila è vissuta in molti Paesi del mondo, i suoi genitori conoscono perfino il sanscrito e l'hindi, dato che hanno vissuto e studiato in India per anni.

Per i primi due anni scrissi solo di dolci della salute; posso immaginare la sorpresa che avrà colto gli affezionati lettori di "Cucina Naturale" che all'improvviso si trovarono la mia faccia in testa alla pagina. Si saranno chiesti: "Ma chi è questo cuoco che ha tolto d'un colpo uova e latticini dai dolci? Come si fa a fare una pasticceria completamente vegetale buona, golosa e sana?". E invece il pubblico, da quello che mi riferì la redazione, reagì con curiosità e non mancò di segnalare apprezzamento.

La mia rubrica, *dulcis in fundo*, adesso si è riempita di consigli e ricette per realizzare dolci buoni, sani e non convenzionali. Gli ingredienti che utilizzo devono essere di facile reperibilità e alla portata di tutti. Le frolle sono fatte con l'olio extravergine d'oliva e le farine tipo 2; le creme più o meno dense, invece, sono realizzate con il latte ricavato dalla frutta secca e da zuccheri non raffinati.

Da circa due anni alla rubrica sui dolci si è aggiunta un'altra sezione dedicata alla cucina ayurvedica. Venetia conosce da tempo la mia passione verso l'antica cucina della salute indiana. La mia formazione di cuoco ayurvedico deve molto al libro di Schrott, purtroppo la sua pubblicazione in Italia non è stata accompagnata dal successo che si meriterebbe. Questo testo per me rimane un capolavoro assoluto perché è capace di spiegare i fondamenti della filosofia ayurvedica con un metodo molto scientifico e quindi adatto alla comprensione degli occidentali.

In *La cucina dell'ayurveda* ci sono sia riferimenti alla teoria dei *dosha* e dei *guna* sia alla cosmogonia *samkhya*. Tali argomenti devono essere ben compresi al fine di penetrare, dall'interno della tradizione, nei meandri della sapienza indiana. Una parte del testo è dedicata alle ricette lacto-vegetariane preparate da cuoche bravissime che lavorano nelle strutture ayurvediche maharishi nel Nord Europa.

A differenza della cucina indiana, quella ayurvedica non ama i cibi troppo concentrati; solo per fare un esempio, il *paneer,* cagliata di latte di mucca, che quasi sempre compare nelle ricette della tradizione culinaria indiana, è completamente assente.

Venetia, con la mia collaborazione alla rivista, ha rischiato molto e per questo le sarò grato per sempre. Ci sentiamo spesso al telefono e, prima di realizzare un servizio fotografico, mi suggerisce ingredienti o argomenti tipici della stagione in cui uscirà la rivista. Inoltre, è sempre presente quando partecipo a degli eventi di cucina nel Nord d'Italia. L'anno scorso è perfino venuta a Ravenna dove ho "cucinato" nei campi dove si coltivano i pomodori che una volta lavorati si trasformano in salsa o pelati Alce Nero.

Uno dei primi servizi che facemmo fu per una crema di cachi con salsa di arance servita in un bicchiere da Martini. Non fu facile reperire dei cachi freschi circa due mesi prima dell'uscita del numero nel quale sarebbe stata presentata la ricetta. Alla fine riuscimmo a trovarli grazie all'intervento di un commerciante di ortofrutta che operava anche in Paesi dell'emisfero opposto al nostro.

Un'altra volta penai non poco per fare una bavarese alle ciliegie fresche. Essendo inverno, ordinai una vaschetta in tempo sempre al nostro amico. Ricordo molto bene che una piccola vaschetta di questi frutti la pagai oltre 20 euro; lui mi disse prendere o lasciare... E io la presi, non avevo altra scelta.

Sempre nel 2011, Allan Bay, forse il più famoso critico di cucina d'Italia, mi invitò con una certa urgenza a scrivere un libro di cucina vegana. Io confuso dall'emozione accettai senza riserve. Grazie all'aiuto del suo socio Roberto Toso, che viveva in Germania, proponemmo l'idea a un'importante casa editrice italiana, che ci fece subito un'offerta.

Roberto volle partecipare a una sessione di foto del nostro libro. Vedendo la mia precisione e colpito ancora di più dalle ricette per niente banali, decise di andare di corsa in Mondadori che accettò il nostro progetto editoriale. Il team era formato da me come autore, da Manuela Vanni per le fotografie e da Umberto Veronesi e Pietro Leemann per le prefazioni al volume.

La scuola di cucina Arte del Convivio in corso Magenta a Milano mi invitò a tenere dei corsi di cucina vegetale per i suoi studenti, che fino ad allora erano stati formati alla cucina tradizionale. Nella scuola insegnavano anche cuochi pluristellati. Al primo corso parteciparono anche Enrico Buselli e tutto lo staff della Fondazione Veronesi: Monica, Fiamma, Elisa, Lavinia, Carolina e tanti altri collaboratori. In quell'occasione, Enrico e io creammo le basi della nostra scuola itinerante che avrebbe visto la nascita alcuni mesi dopo. La scuola di corso Magenta divenne poi la sede milanese delle nostre attività accademiche.

La sede della scuola è stata completamente rinnovata: dalle antiche piastre in ferro si è passati a quelle a induzione. Adesso si tengono corsi a tutti i livelli e possono essere organizzate anche cene per gli studenti grazie alla realizzazione di aree polifunzionali. Alcune superfici infatti possono servire sia per cucinare sia per mangiare. Oltre alla cucina super tecnologica, trovano spazio una biblioteca a tema, uffici e un laboratorio di pasticceria.

Nello stesso periodo, l'amico e critico gastronomico Alberto Cauzzi mi chiese di partecipare a un seminario di psicologia infantile presso l'associazione Cenci casa-laboratorio, una struttura vicino Amelia, in provincia di Terni, fondata da Franco Lorenzoni. Con Alberto avremmo dovuto preparare per un'intera settimana colazione, pranzo e cena per i vari relatori. La struttura, immersa nella campagna umbra, durante tutto l'anno serviva per fare attività all'aperto, conferenze, passeggiate nei boschi e tanto altro.

Come nelle scuole antiche orientali, le lezioni erano impartite all'ombra dei maestosi alberi che crescevano nei prati circostanti. La mattina mi alzavo presto, prima dell'alba, e con il rosario hindu in mano recitavo camminando il *mahamantra*. Mi sentivo felice di stare in mezzo alla natura dopo anni passati nella metropoli lombarda. Non mancarono le sorprese: incontrai animali sconosciuti e impauriti, cinghiali scuri come la cenere e uccelli canterini. Alberto dormiva ancora quando rientravo in camera. Furono giornate piene di emozioni e di programmazione precisa: preghiera, passeggiate nei boschi, cucina vegetale, letture e conversazioni sui temi di sempre: "Chi siamo e da dove veniamo...".

Mi commossi quando lessi la descrizione dell'esperienza che lo scrittore russo Lev Tolstoj fece nel mattatoio di Tula. Tolstoj era diventato vegetariano in tarda età e si dispiaceva di questo. Si rammaricava del fatto che fosse stato un accanito cacciatore. La sua inquietudine lo accompagnò sino agli ultimi giorni; da vecchio non perdeva occasione per riconciliarsi con Dio attraverso una condotta quotidiana virtuosa fino all'estremo. Non sopportava di essere servito e di godere di privilegi di qualsiasi tipo. Negli ultimi tempi viveva con poco e desiderava che anche la sua famiglia abbracciasse tale stile di vita.

Tolstoj e Gandhi, che era un fervente sostenitore del grande scrittore, durante la prima prigionia del Mahatma nel 1908, iniziarono una corrispondenza epistolare durata fino alla morte del romanziere. L'influenza dell'autore russo su Gandhi fu così rilevante che il primo esperimento di fattoria autarchica, in Sudafrica, dove risiedeva il riformatore indiano fu chiamata, appunto, Fattoria Tolstoj.

Franco Lorenzoni, insegnante e visionario, ha avuto il coraggio di costruire nella regione più verde d'Italia un centro accogliente a misura di bambino. Secondo lui i bambini hanno grandi capacità speculative, conservano memorie antiche venute chissà da dove e creatività infinite. Nel suo ultimo libro, *I bambini pensano grande. Cronaca di una avventura pedagogica*, scrive delle sue esperienze di insegnante di lungo corso. E racconta, tra le altre cose, che i bambini, se sono lasciati liberi dai condizionamenti tecnologici, sono in grado di capire argomenti per noi complessi. Non hanno difficoltà a trattare temi perenni come la nascita, la maturazione e la morte, che spesso viene vista da loro come una trasformazione più che la fine di tutto.

Alberto all'epoca collaborava con Paolo Marchi: scriveva per lui recensioni su locali ed esperienze culinarie in genere. Durante l'esperimento alla casa-laboratorio, io e Alberto discutemmo di tutto: dall'alta cucina alla biodiversità, passando per i temi legati all'ecosostenibilità. Eravamo d'accordo sul fatto che anche i cuochi stellati dovessero considerare la loro cucina non solo in termini di piacere e di gusti ma anche di salute per le persone e per il pianeta.

Durante un'importante lezione tenuta alla Scuola Internazionale di Cucina Italiana Alma di Colorno, un mio collega pluristellato cucinò dei costosissimi filetti di manzo solo per fare un brodo di carne. Il liquido ottenuto fu successivamente utilizzato nella ricetta e la carne andò direttamente nel cesto della spazzatura lasciando sbigottito tutto il pubblico. Alberto ebbe un'intuizione che mi avrebbe in futuro aiutato non poco nella diffusione delle tematiche a me care. Chiamò Gabriele Zanatta, uno zelante giornalista di cucina e collaboratore di "Identità Golose" allo scopo di creare insieme una rubrica di cucina naturale da inserire nel ben più ampio programma della manifestazione.

Tornati a Milano, Alberto e io ci mettemmo subito al lavoro. Iniziammo a realizzare delle ricette: io le preparavo e Alberto le fotografava. La prima fu un bignè di farina semintegrale e pasta di *seitan* che farcimmo con dell'hummus di ceci e burro di sesamo. La nostra proposta era una provocazione per diversi motivi. Prima di tutto il *seitan*, per quello che so, non era mai stato prima gonfiato con il calore del forno tanto da apparire come una gigantesca torre dalla cupola tondeggiante. E poi il ripieno era privo di grassi liquidi. Alberto voleva iniziare con un piatto diverso dal solito e credo che quello sia stato anche troppo diverso.

Sperimentavamo di continuo poiché entrambi vedevamo nella cucina vegetale un futuro pieno di successo e mi piaceva che i maestri della cucina vedessero pubblicate le nostre ricette. Il mondo vegetale stava bussando alle porte dell'alta cucina; le foto venivano bene e gli argomenti che noi trattavamo erano letti da migliaia di cuochi sparsi in tutto il mondo.

È così che prese vita la rubrica di "Identità Naturali"; devo ringraziare per questo il visionario Paolo Marchi e il suo socio Claudio Ceroni per l'occasione che mi hanno offerto. Adesso la rubrica ha vita propria, molti cuochi famosi vi scrivono ricette dalla natura vegetale e molto spesso salutistica.

Grazie al successo ottenuto, Paolo mi invitò a partecipare all'edizione del 2012 di "Identità Golose". Per la prima volta un cuoco vegano venne invitato a partecipare a questa manifestazione dal carattere internazionale. E io, piccolo piccolo, non credevo alle cose che stavano accadendo attorno a me.

## La ricetta
## Seitan soffiato
## con ripieno di hummus di ceci e sesamo

Ingredienti (per 4 persone)
Per il bignè: *100 g di pasta di* seitan\*; tamari; *ginger fresco; olio extravergine d'oliva.*
Per il ripieno: *200 g di ceci cotti*\*\*; tahina; *scorza di limone latte di mandorla al naturale; 1 barbabietola; cerfoglio.*

Mettere la pasta di *seitan* nel cutter insieme a delle gocce di *tamari* e frullare per pochi secondi. Lasciar riposare in una bacinella.
Condire con del succo di ginger ottenuto centrifugando la radice. Fare delle piccole palline da 5 g e adagiarle su un silpat di silicone. Cuocere in forno a 210 °C per 10 minuti circa. La crosta della sfera di *seitan* deve diventare croccante e mantenere la sua forma ben gonfia. Tenere da parte; se tende a smontare significa che non è stata cotta del tutto. Rimetterla quindi in forno.

Passare al setaccio i ceci cotti e condire il pâté con il burro di sesamo, la scorza di limone tritata finemente, l'acqua di cottura, se necessario, e un pizzico di sale. Trasferire il composto in una sacca da pasticceria e farcire i bignè. Scaldare il latte di mandorla e montarlo con il frullatore a immersione. Adagiare sul fondo dei piatti alcuni bignè ripieni, servire accanto delle nuvole di latte di mandorla e decorare con cubetti di barbabietola cruda ed erbe aromatiche.

* pasta di *seitan*: glutine ancora non cotto, estratto dopo la lavorazione della farina e acqua.
** ceci cotti: ceci lasciati a bagno per una notte e poi cotti in abbondante acqua con erbe profumate, pepe in grani e senza sale.

# Finora i libri li avevo letti
# e adesso...

Allan e Roberto erano contenti del successo ottenuto dal mio primo libro; nutrivano un sincero interesse verso la cucina vegetale, forse perché fino ad allora era stata "roba di altri". Allan poteva approfondire e scrivere sui temi della cucina dei vegetali, mentre Roberto stava capendo le enormi potenzialità editoriali che in quel periodo aveva la cucina verde.

Realizzare un libro di cucina richiede uno sforzo di non poco conto, soprattutto per autori come il sottoscritto che non hanno una brigata alle spalle cui chiedere aiuto. I libri realizzati al Joia erano *in primis* pianificati dal genio di Leemann, mentre le ricette erano di fatto eseguite, a seconda dei contenuti, dal gruppo dei cuochi. In questo modo gli sforzi e le fatiche erano ben distribuiti. Nel mio caso era tutto diverso: per prima cosa dovevo individuare i giusti argomenti, tanto era vasta l'area da trattare, di conseguenza ideare le ricette, fare la spesa, cucinare, trasferire i semilavorati nello studio di via Turati e poi, finalmente, ricostruire le ricette per le foto da scattare.

Disegnavo con le matite colorate le ricette nella biblioteca di Porta Venezia, dove accanto a me sedevano studenti e studiosi di tutte le età. In assoluto silenzio e quasi in meditazione provavo a riempire i fogli bianchi con linee colorate che ai miei compagni di banco saranno sembrate tutto tranne che quello che significavano. Acquistavo le materie prime al supermercato di fronte alla biblioteca e presso alcuni negozi bio del centro; spesso mi capitava di comperare solo alcune foglie di prezzemolo o di menta, una mela e un fiore di zucchina... I commessi mi guardavano con sospetto misto a rassegnazione vista la mia determinazione a portare a termine la spesa che sembrava adatta più a un uccellino che a un adulto di un metro e novanta. All'epoca abitavo a casa di Nicla Nardi, una delle donne più eleganti di Milano, creatrice del Joia, dei Caffè Armani, e mamma della famosa giornalista Camila Raznovich. Il suo frigorifero si riempiva di buste e contenitori in cui mettevo gli ingredienti da trasformare nei giorni successivi. Mi alzavo alle tre di notte; andavo con le pesanti buste a tracolla al Joia e fino alle otto cucinavo le ricette da fotografare lo stesso giorno, poi liberavo la cucina del ristorante di Leemann prima che arrivassero i cuochi capitanati dall'amico Fabrizio. Spesso aspettavo che si facessero le dieci sulle panchine di piazza della Repubblica, accanto ai senzatetto che avevano passato la notte all'addiaccio nei giardini di fronte al Principe di Savoia. Non c'erano differenze esteriori tra me e loro sia nell'abbigliamento sia nelle infinite buste che portavamo sulle spalle. Per loro, pensavo, queste erano tutto il "patrimonio" accumulato chissà in che modo e in quanto tempo. Nelle mie buste, a volte a rischio di rottura dato il peso che trasportavano, c'erano ripieni di verdure, pasta fritta e fiori da fotografare. Alle dieci entravo nella casa-studio zeppa di libri di Allan; con la sua collaboratrice preparavamo le zone di lavoro in cui, per prima cosa, distendevamo tutto ciò che avevo preparato alcune ore prima.

Il libro richiese quasi sei mesi di lavoro e fu anche un periodo molto fecondo e ricco di sorprese di tutti i tipi. Una mattina invitai l'amica Fiamma Spadoni della Fondazione Umberto Veronesi a vedere una sessione di foto e a incontrare così Allan, molto stimato all'interno della FUV. Solo che mi dimenticai di avvisare Allan che, vista l'ora, ancora dormiva. Io ero già a casa sua a cucinare da alcune ore. Fiamma suonò il campanello, ma io non me ne accorsi, e Allan andò ad aprire la porta come mamma lo aveva fatto. È così che la

Fondazione Veronesi conobbe ufficialmente il famoso critico del "Corriere della Sera". Da uomo di mondo qual è, si può facilmente intuire che Allan non si scompose troppo.

Le fotografie erano di Manuela Vanni. Bella come il sole, ha studiato Lettere ed è molto curiosa. Vive da anni a Milano, dove in passato aveva un ristorante, ed è molto vicina alla sensibilità vegetariana. Nelle giornate fortunate riuscivamo a scattare foto fino a completare cinque ricette. Ci trovavamo molto bene insieme grazie anche agli interessi in comune e a una visione complessiva della vita molto simile. Più di una volta ha assistito ai miei corsi o a lezioni in Lombardia. Adesso la sua carriera è in piena ascesa e il successo che si sta guadagnando nel mondo del food è ben meritato. Nello scattare le foto era molto attenta alla luce naturale; preferiva realizzare gli scatti senza tanti artifici; confidavamo insieme che il dio del Sole si mostrasse a noi in tutta la sua potenza illuminante.

La casa-studio si trovava al diciottesimo piano di un grattacielo milanese, da lì si potevano vedere i lavori del quartiere Isola che si stava trasformando giorno per giorno, il Duomo e lo stadio di San Siro. Ma lo scenario più affascinante erano le Alpi ancora innevate, che nelle giornate nitide si vedevano verso Nord in tutta la loro immobile imponenza. Mi immaginavo ai loro piedi a cucinare, per esempio in una piccola baita a 1000 metri di altitudine. Il piccolo Himalaya visto da un finestrone di un grattacielo della città più moderna d'Italia in una casa di una persona famosa era una suggestione che alcuni giorni mi rendeva felice e speranzoso.

A volte Allan mi suggeriva di creare delle ricette alla portata di tutti e quindi meno riconducibili alle esperienze professionali passate. Mi diceva che il libro doveva diventare uno strumento di lettura per tutti gli appassionati e non solo per gli addetti ai lavori. La Pizza di Allan e altre ricette della stessa natura sono nate sia per rassicurare i lettori sia per frenare le mie urgenze culinarie troppo autobiografiche. La sua cucina durante i mesi in cui lavoravo al libro si era trasformata in un centro di ricerca vegana; strumenti di tutti i tipi e ingredienti provenienti da tutto il mondo avevano riempito sia la dispensa sia il frigorifero della sua grande cucina. Secondo me, il povero Allan fu costretto a mangiare le mie ricette per mesi, non l'ho mai visto buttar via niente...

A casa sua ho incontrato la giornalista Paola Maugeri, anche lei vegana, e la conduttrice di trasmissioni di cucina Luisanna Messeri. Con la prima ho fatto, in seguito, tanti eventi legati al mondo vegetariano e con la seconda ci siamo ritrovati mesi dopo a lavorare insieme nella capitale.

Nicla, Elena, Edoardo, il figlio di Gigi, sono stati dei preziosi aiutanti; mi hanno sostenuto durante le fasi di lavorazione del libro e a loro devo molto.

Il secondo libro, invece l'ho realizzato a Roma nel locale che gestivo, l'Ops! in via Bergamo. È stata un'esperienza molto diversa sia come impegno pratico sia come velocità di realizzazione. Mentre il primo libro si occupava di una generica introduzione alla cucina vegana, il secondo era molto più mirato essendo composto, su mio suggerimento, solo di dolci vegani... E, diciamolo subito, non ebbe lo stesso successo del primo, nonostante, a mio avviso, fosse molto ricco di spunti salutistici e culinari.

Questa volta il volume si avvalse di Angela Terzani Staude per l'introduzione, dei contributi di Michela De Petris e Roberta Barocci e delle fotografie di Emanuele De Marco.

Con questa pubblicazione volevo trattare i dolci vegani come una sorta di opportunità culinaria nuova e giocosa. Da tempo sia al Joia sia molte persone che incontravo mi sollecitavano a cimentarmi in pasticceria allo scopo di creare dei dolci salutari e con un basso impatto glicemico. Mi chiedevano come si potessero creare dei dolci golosi e attraenti facendo a meno di panna, uova, burro e altri derivati animali. Ovviamente se ci si aspetta una copia vegetale della pasticceria tradizionale si può restare delusi nel gusto e nelle consistenze, ma il mio intento era di far capire ai curiosi che a volte vale la pena di intraprendere nuove strade al fine di produrre una pasticceria golosa, giocosa e soprattutto sana. Nel libro compaiono molte ricette senza zucchero di canna, che di solito è ammesso nella pasticceria salutistica. I dessert sono forse un po' meno dolci del solito, ma di sicuro sono ricchi di sapori e contrasti che danno forza alle ricette proposte nel libro.

Al ristorante, dopo il servizio del pranzo, alcuni tavoli della sala venivano uniti in tutta fretta allo scopo di mettere insime una base dove appoggiare tavole di legno e teli di infiniti colori che servivano da sfondo alle preparazioni da fotografare.

Ero più libero rispetto al primo libro, almeno così mi sembrava. Il lunedì pomeriggio, con il locale chiuso per il riposo settimanale, rimanevo con Rina ed Eleonora, le mie allieve romane, a preparare le basi e le decorazioni delle ricette da fotografare. Capitava che mi fermassi a cucinare fino all'alba, poi me ne tornavo a casa, a piazza Navona, e attraversare a piedi Roma di notte era una magia talmente bella da farmi quasi commuovere. Il giorno dopo scattavamo le foto spesso con i clienti del pranzo in piedi a osservare le nostre manovre. A volte ricevevamo anche degli applausi. Facevo la spesa nel tipico mercato all'aperto di piazza Alessandria che si trova a pochi metri dal ristorante. Io ed Emanuele andavamo avanti spediti, ogni tanto Roberto, direttamente dalla Germania, mi diceva di comporre delle ricette alla portata di tutti, esattamente come mi suggeriva Allan per il libro precedente.

Fu abbastanza facile allestire il libro sui dolci della salute, ma un po' meno facile fu convincere Angela Staude, la moglie di Tiziano Terzani, a curare l'introduzione del libro. In una giornata d'autunno, con Tiziana Mascia e Alberto Conforti andammo all'Orsigna a cercare di far salire Angela sulla nostra barca. All'inizio lei avanzò dei dubbi, diceva di non conoscere a sufficienza il mondo del food e io le rispondevo che il mio intento era di parlare e mettere al centro del libro la salute sia fisica sia psichica. La discussione andò avanti a lungo; a un certo punto, Alberto scese in giardino a prendere la legna per alimentare la stufa, mentre Tiziana si era allontanata. Angela, senza giri di parole, mi chiese, come facesse un uomo di cultura come Alberto, che spaziava dalla storia delle cose grandi al mondo dell'arte, a occuparsi della vendita di libri; secondo lei non era la figura giusta al posto giusto. Poco tempo dopo, Alberto lasciò il gruppo Mondadori, dopo molti anni, per tornare alle ragioni del cuore, cultura e natura. Anche Tiziana, una collaboratrice di Mondadori alla quale sono molto affezionato, ha poi lasciato la casa editrice... Ma lei e io, quella volta, restammo in silenzio seduti sul letto dove il grande giornalista aveva dormito. Nella Gompa dell'Orsigna non riuscimmo neanche a dialogare tanta era l'emozione; Tiziana mi ringraziò con le lacrime agli occhi e, ancora oggi, quando ci sentiamo ricordiamo con piacere quei momenti passati insieme.

Mondadori è stata con me sempre all'altezza della sua fama. Si è spesa per organizzare degli incontri in tante città italiane: Milano, Torino, Verona, Ferrara... Adesso Caterina Giavotto è la mia unica referente; ci conosciamo da anni e le voglio molto bene. Apprezzo in lei la capacità di saper aspettare; Terzani diceva che per scrivere un libro occorre prima di tutto essere incinta. Nel mio caso la gravidanza è stata alterna: in alcuni momenti riuscivo a scrivere di getto e in altri, visti gli impegni su tanti fronti, la scrittura si bloccava di botto. In futuro mi piacerebbe scrivere un libro di cucina vegetale con ingredienti poveri, in una baita alpina con gli amici del cuore e tanti animali felici attorno. Spero che Caterina mi dia una possibilità di questo genere; più passano gli anni e più avverto la forza attraente della natura e delle sue creature. Cucinare cibo vegetale in alta montagna è una sfida che mi stimola molto.

## La ricetta
## Pan di Spagna allo zafferano

Ingredienti per un pan di Spagna da 850 g circa
*300 g di farina tipo 2; 270 g di latte di mandorla*
*al naturale; 150 g di zucchero di canna chiaro;*
*140 g di olio di mais; 1 bustina di zafferano; 1 bustina*
*di cremortartaro; scorze di limone; un pizzico di sale.*

Mettere la farina nella bacinella insieme allo zucchero,
il cremortartaro, la scorza tritata finemente e il sale.
Unire in un bicchiere il latte e l'olio di mais, aggiungervi
lo zafferano e frullare nel mixer in modo da ottenere
un liquido liscio e colorato.
Versarlo sugli ingredienti secchi e girare con una frusta
al fine di ottenere un composto omogeneo. Trasferirlo nello
stampo (28 x 22 cm) precedentemente oliato e infarinato
e cuocere in forno a 170 °C per 22 minuti.
Togliere dal forno e lasciar riposare almeno per 1 ora prima
di togliere la torta dal suo stampo.

# Organic Academy

Dopo aver lasciato il Joia, cercai di tenere più corsi di cucina possibile sia a Milano sia in altre città del Nord Italia. L'Associazione Vegetariana Italiana mi aiutava a trovare i luoghi adatti allo svolgimento delle attività e a contattare le persone interessate ai corsi. Avevo diviso più o meno dettagliatamente i corsi in base agli ingredienti usati: il *seitan*, il mondo della soia, la panificazione della salute fatta con la pasta madre, la pasticceria I e II, i cereali e i legumi ecc...

Nel 2011 l'alimentazione vegana, come quella proposta nei miei corsi, non era diffusa come adesso. Negli ultimi anni, infatti, sempre più persone si sono avvicinate al cibo vegetale per motivi molto diversi tra loro: salutistici, etici, religiosi ecc...

Enrico Buselli, amico del Joia e del cibo che fa bene alla salute, mi invitò presso il suo ristorante Web Wine, situato nel centro storico di Volterra, per parlare di possibili collaborazioni future.

Tra me e lui si instaurò subito una grande sintonia; eravamo decisi a creare una struttura capace di organizzare dei corsi di cucina naturale itineranti. In lui mi piacque subito la capacità di trasformare le idee in programmi veri e propri da realizzare in tempi rapidi. In pochi mesi organizzammo l'Organic Academy, la nostra scuola, che aveva come principale missione fornire gli strumenti necessari per cucinare cibi vegetali senza sentirsi cuochi di serie B. La cucina vegana infatti era associata troppo alla salute e alle questioni etiche e di conseguenza poco attenta al gusto e alla creatività che invece caratterizzava l'alta cucina tradizionale.

Enrico e io pensavamo che fosse arrivato il momento di stendere dei programmi didattici, di buon livello, con prodotti biologici e diversificati a seconda della preparazione degli studenti. I ruoli erano ben distinti: io avrei dovuto seguire la parte legata alle ricette e alla pratica in cucina; Enrico, invece, si sarebbe occupato della promozione e dell'organizzazione degli eventi. Quello fu un periodo molto intenso sia per lo sforzo psicofisico sia per le mie limitate risorse economiche. Ci vedevamo spesso sia a Milano sia a Volterra, dove dimoravo in una bellissima azienda agrituristica gestita da una ragazza del Nord che da anni vive in mezzo alla natura toscana. Eravamo molto uniti e d'accordo su tante questioni.

Iniziammo con grande successo dei corsi per cuochi presso l'Arte del Convivio di Milano. Il programma prevedeva sei lezioni monotematiche, durante le quali stavamo ore e ore a cucinare e a discutere di questioni collegate alla sana alimentazione. Molti studenti iniziavano a domandarsi se fosse giusto continuare a consumare cibi raffinati come pane, pasta e zucchero. I corsisti desideravano cuochi-insegnanti a metà strada tra l'alta cucina e la macrobiotica; se le ricette erano eseguite senza zuccheri raffinati, per esempio, queste andavano bene a tutti, anche se per me mancavano di gusto. In quel periodo, infatti, sperimentavo molto allo scopo di rendere le ricette, sviluppate in tanti anni di lavoro, adatte a un pubblico più vasto possibile.

Il mio ospite non era più il commensale del Joia bensì una persona, spesso molto preparata sul piano della biochimica alimentare, desiderosa di scoprire le bellezze della nuova cucina vegetale e della salute. Enrico e io dovevamo soddisfare pienamente le aspettative dei nostri corsisti; gli ingredienti erano scelti con grande attenzione, soprattutto per quanto riguarda i cereali non troppo raffinati e i dolcificanti naturali per la pasticceria. La nostra scuola era vegana e legata al territorio dove ci recavamo a tenere i corsi.

Milano, Roma, Napoli, Firenze, Volterra e altre città italiane furono le sedi della nostra scuola e il pubblico non mancò ai nostri corsi. Enrico era bravo nel trovare i giusti canali utili alla promozione delle nostre attività. A Volterra, per esempio, scegliemmo di tenere i corsi presso la villa di Pignano, un'antica dimora nobiliare che adesso è organizzata secondo la filosofia steineriana. Attorno alla villa c'erano centinaia di ettari di terreni coltivati e non mancavano aree dove vivevano felicemente asini, cavalli e pollame di tutti i tipi. Vicino all'ingresso principale i giardinieri avevano ricavato un orto delle erbe da far invidia alla Reggia di Versailles. Alloro, salvia, rosmarino e tante altre erbe profumate finivano nelle nostre pentole pochi minuti dopo la loro raccolta. E anche i topinambur selvatici venivano raccolti dai nostri corsisti direttamente dalla terra rossa e argillosa e cucinati *à la minute*.

L'esperienza del Joia mi fu molto utile per diversi motivi. Innanzitutto perché, a detta dei nostri corsisti, le nostre lezioni non erano mai scontate poiché le materie toccate erano vaste e ricche di approfondimenti. Le ricette erano quasi sempre relative a suggestioni del Joia adattate e rese più semplici per i nostri studenti. Le materie erano varie: dalla lavorazione delle farine di grani antichi per fare il pane rustico e la pasta fatta in casa ai dolci della salute fatti con i latti autoprodotti con la frutta secca e addolciti, grazie all'uso di malti e sciroppi di frutta essiccata, con datteri e fichi. Enrico aveva perfino pensato a dei corsi di tre giorni a Pignano. Dal venerdì sera alla domenica pomeriggio, io e la mia assistente Elena stavamo nelle belle cucine della villa a cucinare con dodici studenti provenienti da tutta Italia.

Per me era un miracolo vedere tanta gente ai nostri corsi, interessata a scoprire le nuove bellezze della cucina che si stava aprendo al mondo. A Pignano ognuno aveva la sua stanza dalle cui finestre si potevano ammirare a perdita d'occhio terreni lavorati con attenzione e animali felici di vivere all'aperto. Sia l'umore delle persone sia il contesto in cui lavoravamo erano di grande aiuto nello svolgimento delle lezioni, alcune delle quali, teoriche, erano tenute all'aperto, nel giardino che si affaccia su Volterra, oppure nella stanza dell'enorme camino che era sempre acceso. A volte usavamo il fuoco originato dalla legna profumata per cucinare.

Di tanto in tanto proiettavamo dei filmati riguardanti top chef italiani o conferenze su temi come *I filosofi e gli animali* del professor Gino Ditadi, docente e filosofo molto conosciuto tra gli animalisti. Secondo me, era importante far capire ai nostri studenti il fatto che il tema dell'animalismo e dell'alimentazione vegetariana era dibattuto da secoli e secoli anche nel mondo occidentale. Zarathustra, Pitagora, Platone, Teofrasto, Plutarco e tanti altri giganti del pensiero occidentale erano stati grandi difensori della teoria secondo la quale anche gli animali possono godere, fin dalla nascita, del diritto di vivere in santa pace secondo la natura di ogni specie vivente.

La vita, secondo Ditadi, è sacra e ha valore in sé! L'uomo dovrebbe proteggere il Creato e non dominarlo come troppo frettolosamente alcuni biblisti sostengono. L'essere umano a causa di cattivi comportamenti è riuscito a rovinare in gran parte l'ambiente che ci circonda. Diverse specie di animali si stanno estinguendo costantemente, l'ambiente sia terrestre sia marino è sempre più inquinato... Ditadi sostiene che siamo stati capaci, come mai in passato, di creare delle condizioni sul pianeta ostili alla nostra stessa specie. E comunque, conclude sempre le sue lezioni con una frase che mi piace molto e che all'incirca dice che dobbiamo comportarci, nonostante tutto, come se l'uomo fosse in grado di risollevarsi dalle miserie più nere. Insomma, come sostengono da millenni tutti i grandi del passato, l'uomo è capace sia di andare sulla Luna sia di combattere delle guerre contro i suoi simili o nei confronti degli esseri più deboli. Meglio quindi scegliere di stare dalla parte delle soluzioni anche se gli scenari che ci troviamo di fronte non sono di certo incoraggianti.

Dopo aver visto tali documentari, la nostra classe si arricchiva di nuovi argomenti, aprivamo i nostri cuori e le domande tra noi aumentavano sempre più. C'era chi vedeva il mondo secondo un'ottica pessimistica e chi, invece, dopo aver fatto tesoro delle lezioni della storia, pensava e prevedeva per tutti noi un mondo più equo e solidale. Nel frattempo, invece di aspettare i cambiamenti seduti sul divano, noi cucinavamo cibi vegetali con lo scopo, più che di imparare nuove ricette, semplicemente di stare insieme. Le classi ovviamente erano eterogenee e spesso venivano a lezione anche persone strane che avevano abbracciato il veganesimo forse per mettersi a tutti i costi contro qualcosa o qualcuno. Più di una volta Enrico e io abbiamo dovuto moderare alcuni nostri studenti che, almeno a parole, non disdegnavano l'azione violenta nei confronti di gestori di allevamenti intensivi o di macellai.

Una sera d'inverno, dopo una giornata piena di nuove scoperte culinarie, una nostra studentessa ci disse, in tutta sincerità, che era disposta a invadere, anche con la violenza, le proprietà altrui per liberare animali ingabbiati o stivati in luoghi non adatti alla vita. Dopo le sue denunce la classe si divise in due: c'erano sostenitori anche di iniziative estreme come picchiare i cosiddetti nemici degli animali e chi invece cercava di trovare delle soluzioni più miti e in sintonia con l'*ahimsa* (non violenza). Ma anche non far niente, mi chiedevo, è un'inazione molto pericolosa perché contribuisce ad addormentare le nostre coscienze e a far proseguire fenomeni di sterminio ingiustificato di miliardi (non milioni...) di animali ogni anno.

In un recente dibattito sulla vivisezione e sulla sperimentazione su animali a fini non vitali per l'uomo, è emerso un dato molto evocativo: oggi circa l'80% della popolazione italiana è contraria alla sperimentazione sugli animali, eppure non ci sono leggi ancora in essere capaci di rallentare il fenomeno della vivisezione o di esperimenti inutili sugli esseri viventi. È un problema quindi di rappresentanza; non si è formata una massa critica capace a livello politico di aggiornare norme al riguardo, evidentemente non più in sintonia con la maggioranza della popolazione italiana.

Il bello della nostra scuola era che era in grado di far riflettere, oltre che a offrire gli strumenti necessari per cucinare, almeno nelle intenzioni, cose vegetali, gustose, giocose e sane.

In molte occasioni ci siamo anche divertiti; in altre, invece, abbiamo dovuto registrare dei parziali insuccessi. Per fare un esempio, vorrei ricordare il corso che tenemmo in provincia di Napoli davanti al mare infinito che solo nel Sud Italia commuove per la sua bellezza.

Io ed Elena partimmo da Milano alle quattro di notte e con un volo da Malpensa arrivammo in tempo, alla stazione ferroviaria del capoluogo campano, per accogliere Enrico che invece proveniva da Firenze. Fummo caricati su una macchina e portati nella struttura dove avremmo dovuto preparare il corso per il pomeriggio dello stesso giorno. Il luogo era bellissimo, davanti a noi luccicava il mare e alle spalle incombevano le montagne. Chiedemmo dove fosse la spesa e la cucina; ci fu risposto in tutta sincerità che pensavano che sia la spesa sia gli strumenti di lavoro li avremmo portati da Milano. Io ed Enrico rimanemmo come due statue di bronzo e provammo a dire che avevamo spedito una lista dettagliata al riguardo e che non era pensabile viaggiare in aereo con piastre a induzione, pentole, robot ecc...

Elena e io, dopo lo sbigottimento iniziale, ci mettemmo al sole ad aspettare che ci portassero le cose richieste e come buoni napoletani prendemmo il tutto come una lezione che non avremmo dimenticato con facilità. Il povero Enrico, invece, ebbe la peggio perché s'incaricò di andare a fare la spesa. Gli strumenti di lavoro arrivarono, con grande fatica, dopo alcune ore dalla mia richiesta; della spesa invece neanche l'ombra. Quando vidi arrivare Enrico con le buste piene di cibo, gli chiesi le ragioni del ritardo visto che la sua lista prevedeva ingredienti facilmente reperibili. Lui mi rispose sorridendo che, essendo ben vestito e con un accento non del posto, era stato scambiato per un agente della Finanza. Il padrone del negozio aveva chiuso subito le porte della bottega con Enrico dentro, bloccando così qualsiasi iniziativa del mio socio. Allora Enrico aveva chiamato un nostro conoscente del luogo per risolvere velocemente la questione e il corso più strano della mia vita, fino a quel momento, partì con ore di ritardo.

Ma le stranezze non finirono qui; al momento di essere pagati a fronte di regolare fattura, i nostri "contatti" napoletani iniziarono a litigare tra loro su chi dovesse fare l'assegno. Dalle parole passarono direttamente ai fatti tanto che una ragazza riportò una lieve ferita da colluttazione sulla testa. Io e Elena riprendemmo l'aereo per Milano ed Enrico con il treno se ne tornò in Toscana in tutta fretta. Ancora oggi ricordiamo con smarrimento e con stupore quel giorno e ci chiediamo spesso: "Ma cosa cucinammo quel giorno con una padella e due porri comprati alla svelta?".

A Milano nel frattempo si era formato un gruppo stabile di studenti preparati. A fine percorso dovevano sostenere un piccolo esame scritto a risposte multiple: una giusta, una verosimile e una sbagliata. Massimo, Monica, Irene, Maddalena, Fulvia, Teresa e suo marito Luca e tanti altri studenti sono stati un prezioso aiuto alle nostre attività. Li ricordo come dei compagni di studio preziosi sempre pronti a fare domande.

Purtroppo non siamo riusciti a far decollare la nostra scuola a causa degli alti costi della gestione, perché, in pratica, le spese che dovevamo sostenere per fare la spesa, i pernottamenti e il materiale didattico superavano le entrate.

Enrico e io stiamo provando a riorganizzare la scuola, magari affiancandole un luogo per la ristorazione vegetale.

Io amo Milano, ma Enrico preferirebbe rimanere sull'Appennino emiliano.

## La ricetta
## Budino al latte di cocco

Ingredienti (per 8 persone)
*300 g di latte di cocco; 200 g di latte di mandorla al naturale; 70 g di zucchero di canna chiaro; 2 g di agar agar in polvere; un pezzetto di vaniglia; scorze di limone; scorze di arancia; confettura di arance amare; acqua di rose.*

Mettere sul fuoco i due latti con lo zucchero, la vaniglia, l'agar agar e le scorze.
Far sobbollire per 5 minuti, girando di continuo con una frusta, poi lasciar riposare alcuni minuti.
Passare il liquido attraverso un colino fine e versare nei bicchieri trasparenti. Far riposare in frigo alcune ore.
Allungare la confettura di arance con delle gocce di acqua di rose e dell'acqua di rubinetto.
Creare una crema più liscia possibile e versarla sui budini di cocco.

# CSB – Centro Studi Bhaktivedanta

Come già ricordato, ho conosciuto Marco Ferrini nel lontano 1985; ascoltavo le sue trasmissioni radiofoniche nelle quali si trattavano temi sul perché si nasce, perché si muore, qual è l'obiettivo ultimo della vita umana e tante altre questioni esistenziali. Ad ascoltarlo ci si rendeva subito conto che ci sapeva fare. In particolare, riusciva a rendere facili anche quei temi che di solito, per la loro esposizione, richiedono un linguaggio complesso. Ferrini aveva, allora come adesso, il compito di diffondere le bellezze della cultura vedica, attraverso il racconto di dati infiniti, evitando – con le competenze acquisite – inutili argomenti e sterili discussioni.

Colui che sarebbe diventato in Italia il più conosciuto studioso di psicologia indiana, fin da ragazzo ha dimostrato una curiosità non ordinaria verso tutto ciò che è bello e vero: dalle meravigliose creature di nostro Signore alle opere di artisti del passato, da Giotto al Bellini, dalle chiese rinascimentali ai templi classici dell'India antica. Ha studiato a Firenze Storia dell'arte e, sempre nel capoluogo toscano, ha iniziato a collaborare con alcuni dei laboratori più importanti dello stesso settore. Ha approfondito il Rinascimento italiano e l'impressionismo francese come corrente artistico-filosofica. Dotato di una mente lucidissima, molto presto si è messo a fare impresa come designer; era talmente bravo che il successo non ha tardato ad arrivare. Ma ben presto si è accorto che bisognava curare anche l'altra parte di noi stessi, quella, per intenderci, inquieta e che necessita di risposte interiori. Ha iniziato a studiare Psicologia di massa anche allo scopo di sviluppare le imprese che nel frattempo aveva creato nel mondo. Negli anni settanta ha viaggiato molto, soprattutto in Oriente, per approfondire lo studio dei testi Upanishad, dello yoga classico e della *Bhagavad-gita*. Nel 1976 In India ha conosciuto Shrila Prabhupada, il più grande studioso dei Veda mai venuto in Occidente e ne è diventato subito suo discepolo; sin dal primo incontro con il suo maestro ha avvertito l'urgenza di seguire i suoi consigli.

Tornato a casa, ha comunicato a tutta la sua famiglia l'intenzione di dedicare la vita allo studio e alla ricerca della letteratura sacra indiana, grazie anche alle benedizioni ricevute dal nuovo insegnante di vita. Così è cominciata per lui una vita nuova; sia la fidanzata Marisa sia i genitori sono stati i testimoni della sua sincera trasformazione. Marco Ferrini è diventato quindi uno studente della cultura vedica; i suoi beni e parte dei suoi guadagni sono stati da subito usati per la diffusione della cultura vedica. La sua casa di Ponsacco, vicino a Pisa, è diventata un luogo dove una volta a settimana si tenevano incontri, concerti di musica sacra indiana e soprattutto gustose cene vegetariane. Il mio amico Jacopo, che all'epoca aveva otto anni, spesso partecipava con i suoi genitori a questi incontri; ricorda con rammarico il giorno in cui arrivò la notizia della scomparsa del maestro di Ferrini, che nel frattempo aveva ricevuto la sacra iniziazione dallo stesso Prabhupada. Negli anni Matsyavatara (nome da iniziato di Ferrini) ha studiato tutti i testi della tradizione vaishnava tanto da diventare nell'arco di un decennio una delle autorità in materia, non solo in Italia ma anche in America e in India. In età adulta ha deciso di completare i suoi studi presso università americane specializzate nello studio delle scienze vediche e nella medicina ayurvedica.

Ha iniziato a girare l'Italia non più per progettare o disegnare, bensì per insegnare psicologia ayurvedica e filosofia indiana. L'Università di Siena gli ha affidato per cinque anni consecutivi, dal 1996 al 2001, il compito di tenere corsi sui temi da lui approfonditi.

Nel 2000 ha fondato il CSB – Centro Studi Bhaktivedanta, un'accademia dedita allo studio delle scienze tradizionali dell'India che ha come scopo supremo quello di costruire un ponte ideale tra le culture dell'Occidente e dell'Oriente. Le sue iniziative di divulgazione hanno avuto sempre più riconoscimenti sia da organi e istituzioni nazionali sia da tutto il mondo. Solo per citare una delle ultime, in senso temporale, nel 2012 una delle più importanti università indiane ha conferito a Ferrini il titolo accademico di dottore in Filosofia, grazie all'intervento in prima persona del Presidente della Repubblica indiana, Pranab Kumar Murkhejee.

Ho incontrato di persona Ferrini per la prima volta nel 1999 a un'affollata conferenza, in Toscana, organizzata dall'amico sanscritista Jacopo Nuti, che all'epoca studiava ancora all'Università di Pisa. Dopo alcuni mesi, presso Villa Vindavan di Firenze ebbi con lui un colloquio personale. Mi suggerì immediatamente di mettere a disposizione degli altri i talenti da me acquisiti, che nel mio caso significava, più o meno, cucinare cibo vegetariano a un numero di persone il più ampio possibile. Ferrini desiderava diffondere la cultura vedica con tutti i mezzi a disposizione. Anche la cucina, secondo lui, poteva essere uno strumento di diffusione di massa molto potente. Iniziai così a leggere molti libri di cucina ayurvedica e i libri sacri della scuola monoteistica indiana vaisnhava. Avevo all'epoca trent'anni esatti. Era un momento di svolta per me; Ferrini con i suoi consigli era riuscito a smuovere dentro di me delle forze inattese, non potevo continuare a fare le stesse cose di prima. Decisi perciò di seguire le sue lezioni, leggere i suoi libri e frequentare i suoi studenti. Conobbi anche la sua famiglia: l'anziana madre, la moglie Marisa e i figli Radha e Keshava. Ferrini mi suggerì di integrare le mie letture con delle preghiere da recitare tutti i giorni dell'anno. Vedevo in lui una grande coerenza e una forza sorprendente nel promuovere le scienze tradizionali indiane. Nel 2005, durante un seminario, cui partecipai insieme a

Jacopo e altri compagni di studi, mi propose di iniziare un percorso di studi al CSB finalizzato all'approfondimento della psicologia indiana. Mi disse chiaro e tondo che avevo già letto troppo di filosofia e di letteratura classica indiana, era meglio che iniziassi a studiare la psicologia del profondo secondo le scuole classiche indiane. E io pensavo che in questo modo, oltre a placare la mia sete di letture, sarei magari riuscito a bonificare alcune aree della mia personalità. In circa tre anni finii il percorso accademico; studiavo al mattino prima di andare al lavoro, il pomeriggio sotto gli alberi del parco di Porta Venezia e la sera prima di andare a dormire nella casa di Leemann.

Nel dettaglio questi sono stati gli esami superati: contesto e fonti della cultura indiana: storia del pensiero dell'India classica; India e Occidente: confronto tra Oriente e Occidente sul piano della ricerca filosofica e psicologica; psicologia della *Bhagavad-gita*: lo studio del testo più sacro dell'India secondo una prospettiva psicologica; psicologia delle Upanishad: approfondimento psicologico di una delle scuole ortodosse della filosofia indiana; psicologia del Vedanta: studio della psicologia secondo la visione vedantica; ruolo della Volontà: studio della psicologia del profondo. Come sviluppare le funzioni psichiche utili alla crescita del proprio potenziale; *Narada Bhakti Sutra*: studio teologico di uno dei testi più sacri alla tradizione hindu; Upadesamrtita: studio del capolavoro del santo vaishnava *Rupa Goswami*; pedagogia classica indiana: studio del testo del grande saggio e pedagogo dell'epoca classica *Apastamba*; le quattro sampradaya: le quattro maggiori scuole ortodosse della cultura vedica; ayurveda e la mente: studio del capolavoro del professor David Frawley. La psicologia analizzata dalla prospettiva ayurvedica; autoguarigione di Vasand Lad: studio della scienza medica ayurvedica secondo il professor Vasand Lad. Uno studio approfondito sulla fisiologia ayurvedica; psicologia e terapie: storia della psicologia e delle terapie tra Oriente e Occidente:

Passavo tutte le ore disponibili sui libri; io e Pietro parlavamo delle cose imparate leggendo e studiando testi della tradizione indiana. Quando eravamo in cucina insieme cercavamo di trasferire sul campo le competenze apprese, trasmettendole ai ragazzi del Joia.

Solo per fare un esempio, nella cultura vedica si dice che quando si cucina non bisogna assaggiare i cibi fino al momento dell'offerta. Il cibo cotto prima di essere messo in tavola deve essere caricato di specifiche preghiere che hanno il compito di investirlo di preziose e invisibili energie. Tecnicamente parlando, si dice che il cibo debba essere offerto, una volto cotto, a Dio o al proprio insegnante. Ovviamente stiamo parlando di offerte rivolte fisicamente verso immagini o sculture, che di solito sono poste su un apposito altare della casa o del tempio.

Quando cucinavo con Leemann, a volte mi ricordavo di esser vigile e attento alla nuova etichetta. Più difficile era spiegare tali faccende ai nostri ragazzi che invece erano più concentrati sul gusto e sulle forme di presentazione. È stato di sicuro uno dei periodi di maggior fermento sul piano professionale per me e credo anche per Leemann.

Nello stesso periodo, quattro volte l'anno partecipavo ai seminari promossi dal CSB in molte città italiane. Viste le competenze, mi occupavo dell'organizzazione della cucina. I seminari erano l'occasione per vivere ventiquattr'ore su ventiquattro a contatto con il nostro insegnante di vita. Di solito mi alzavo alle tre e quaranta di notte per pregare davanti all'altare per circa un'ora e mezza. Alle cinque, io e Marisa, la moglie di Ferrini, ci trasferivamo nella cucina a lavorare per le colazioni, il pranzo e la cena. Cucinavamo per centinaia di partecipanti con l'appoggio e il supporto di Leemann, che nel frattempo si era molto avvicinato a Ferrini. Da Marisa ho imparato molto e sul piano umano e su quello professionale. È la miglior cuoca ayurvedica che io conosca. Ha accettato subito i cambiamenti del compagno, di rientro dall'India, ed è diventata così una convinta vegetariana. Ha scritto tante dispense di cucina vedica; tuttora è capace di cucinare per centinaia di persone piatti squisiti senza mai assaggiare il loro contenuto. Da lei ho imparato a fare i *chapati* con la farina semintegrale indiana chiamata *hatta*, i migliori *kitchari* di riso Basmati e lenticchie bianche e i ravioli di farina al forno *samosa*. Marisa è una cuoca dalla sensibilità unica, quando cucina sembra che si stacchi da terra e che vada verso l'alto dove dimorano le divinità tutelari. Marisa come suo marito è una fervente devota del Signore; da decenni prega per ore tutti i giorni e opera in funzione del prossimo. È una santa donna, sempre disponibile all'aiuto ed è in grado di donare, sempre, una parola d'amore agli altri. Per tutti gli studenti dell'accademia fondata dal marito Marisa è un punto di riferimento. Molto spesso quando ci ritroviamo ai seminari la prima persona che gli ospiti vanno a salutare è proprio lei, creando degli ingorghi in cucina che a fatica riusciamo a sciogliere.

Gli altri cuochi del CSB sono Alessandro, Simone, Rantideva e Citrarupini. Una brigata capace di cucinare secondo gli insegnamenti vedici e che non disdegna lo scherzo e il gioco.

Dell'Accademia non posso non ricordare i miei più importanti insegnanti: la dottoressa Priscilla Bianchi, studiosa di lingue antiche e dei testi della antica tradizione vedica. Le sue lezioni sulla *Bhagavad-gita* sono state preziose; la dottoressa Beatrice Ungarelli, studiosa di psicologia del profondo, grande organizzatrice di eventi culturali nel bolognese. La sua vita è un esempio di perfetta virtù; la dottoressa Manola Farabollini, segretaria personale del professor Ferrini e studiosa dei Veda. Manola da decenni si è generosamente donata alla diffusione delle scienze tradizionali dell'India; il dottor Jacopo Nuti: sanscritista e amico di lunga data. Fin da piccolo ha vissuto in un'atmosfera sacra. I suoi genitori sono dei sinceri ricercatori dello spirito.

Grazie a Jacopo ho rincontrato da adulto il professor Ferrini; il dottor Andrea Boni, dopo una promettente carriera da docente universitario, ha deciso di dedicare la vita alla diffusione dei Veda. Grande conoscitore della fisica e della matematica adesso si occupa dell'insegnamento del Vedanta e dello yoga classico.

Sono profondamente grato allo staff del CSB e ai suoi studenti; vorrei ricordare anche Giorgia e Patrizia, che lavorano 365 giorni l'anno all'organizzazione di eventi, seminari e iniziative varie. Infine, non posso non menzionare Fabio, Luciano, Chiara che si adoperano per realizzare anche le cose impossibili.

A tutti loro va la mia infinita gratitudine.

## La ricetta
## Patate arrosto alla maniera di Marisa
### *(ricetta ayurvedica)*

Ingredienti (per 8 persone)
*1 kg di patate da forno; 40 g di fioretto di mais; rosmarino; salvia; alloro; 40 g di olio extravergine d'oliva; 10 g di sale; pepe verde intero.*

Pelare le patate e tagliarle a pezzi regolari.
Trasferirle in una bacinella capiente e condirle con tutti gli ingredienti della ricetta.
Adagiare le patate condite su una teglia, rivestita con la carta da forno, e infornare a 190 °C per 35 minuti circa (dipende dalla grandezza della patata).
Togliere le patate dal forno e servirle fumanti.

# La ricetta
# Chapati semintegrali
### *(ricetta ayurvedica)*

Ingredienti per 10 *chapati*
*200 g di farina semintegrale tipo 2; 110 g di acqua;*
*3 g di sale; semi di cumino in polvere.*

Mettere in una bacinella la farina, il sale e la polvere
di cumino. Versarvi sopra l'acqua e impastare con le mani
per alcuni minuti. Fare una palla, rivestirla con la pellicola
e lasciarla riposare per 30 minuti. Creare delle palline
di 20 g ciascuna e stenderle sottilmente con un matterello
di legno per ottenere dei cerchi regolari. Cuocere i dischi
di pasta in padella 2 minuti ogni lato. Servire i *chapati* ben
caldi.

*Nella tradizione indiana i* chapati *servono oltre che da*
*companatico anche come pinza con cui prendere i cibi*
*che di solito sono serviti, a pezzetti, nei piatti di metallo.*
*I* chapati *vengono rotti con le mani e così utilizzati al posto*
*della forchetta e del cucchiaio.*

## La ricetta
## Riso alla bengalese

Ingredienti (per 12 persone)
*500 g di riso Basmati; 1 l di acqua; 20 g di uvetta;*
*5 g di curcuma in polvere; 2 chiodi di garofano; 2 bacche*
*di cardamomo; 2 foglie di alloro; 2 grani di pepe verde;*
*un pezzetto di cannella intera; olio; 10 g di sale.*

Mettere sul fuoco l'acqua insieme all'uvetta, il sale
e tutte le spezie.
Far tostare il riso con un goccio di olio in una casseruola
dal fondo spesso per 5 minuti. girando di continuo.
Quando il brodo speziato bolle versarlo sul riso, girare con
un cucchiaio di legno e coprire con un coperchio ermetico.
Far cuocere a fuoco molto basso per 12 minuti, togliere
dal fuoco e lasciar riposare il riso dentro la pentola
per 15 minuti circa.
Servirlo con accanto delle verdure e del *dhal* di lenticchie.

*Omaggio al maestro del mio Maestro Shrila Prabhupada*
*che è nato a Calcutta, la capitale del Bengala.*

# YogaFestival
# e digiuno con padre Antonio

Con Giulia Borioli e il suo socio Massimo Maggioni da anni organizziamo corsi di cucina vegetale a Milano, Torino, Roma e in altre città italiane. Giulia è una donna molto intelligente e intraprendente. Rina, la mia preziosa assistente, dice che, tra le persone che le ho presentato, Giulia è quella che più mi capisce. Esperta di yoga e di salute olistica, vive da sempre a Milano. È la fondatrice dello YogaFestival e di OlisFestival. È una persona pienamente realizzata sia sul piano umano sia professionale che a un certo punto della vita ha deciso di investire i suoi guadagni per diffondere le bellezze insite nelle antiche scienze delle tradizioni indiane. Da sempre ama lo yoga classico, l'ayurveda e tante altre discipline che la gente comune definisce new age. Lo YogaFestival ormai è diventato un evento al quale partecipano migliaia di persone provenienti da tutta l'Italia, e ha talmente tanto successo che spesso viene promosso anche dalle TV nazionali. Oltre alle lezioni, tenute da grandi maestri yoga provenienti da tutto il mondo, il programma prevede conferenze e dibattiti che hanno come denominatore comune la salute dell'uomo vista da una prospettiva più ampia possibile.

Anche la cucina vegetale piace agli ospiti dei festival creati dalla mia amica milanese. Presso alcuni locali del Superstudio Più di via Tortona a Milano teniamo per ogni evento almeno due corsi di cucina. Uno lo dedichiamo alle ricette salate e uno ai dolci della salute. Quasi sempre vengono ad aiutarmi il mio amico Gigi, l'avvocato "rasta", e suo figlio Edoardo, da poco diplomato alla scuola alberghiera di Seregno. Le lezioni di cucina sono leggermente diverse rispetto a quelle che tengo in altri ambiti. In particolare poniamo molta attenzione alla scelta delle materie prime e alla salubrità delle ricette eseguite su tavole enormi che durante il resto dell'anno servono per mille usi diversi. Usiamo, solo per fare degli esempi, meno sale del solito; al suo posto preferiamo le erbe aromatiche fresche di stagione oppure le alghe marine che dopo il disastro di Fukushima Dai-ichi in Giappone, hanno raggiunto prezzi altissimi. Ai corsi partecipano molte persone che ho conosciuto negli anni passati; clienti del Joia e corsisti dell'Organic Academy *in primis*. Le ricette proposte sono soprattutto legate alla cucina ayurvedica, gli zuccheri usati, come le farine, non sono mai raffinati, le cotture sono alleggerite e i cereali, il pane e le verdure sono cotti a vapore.

Spesso nei panini e nei biscotti squadrati gli spigoli, dopo la lavorazione, diventano troppo colorati a causa di una cottura non regolare. Sappiamo da tempo che, se la pasta diventa scura dopo essere stata cotta, significa che è diventata leggermente tossica e pesante per il nostro organismo. Meglio non mangiare pane, pizza e dolci anneriti dalla prolungata cottura.

Le ricette allo YogaFestival sono tra le più sane da me preparate sia per il corpo sia per lo spirito. Nel 2013, per essere più in sintonia possibile anche con Madre Natura, tenemmo una lezione con solo ingredienti vegetali il cui raccolto non aveva richiesto l'uccisione della pianta. Quindi escludemmo d'un colpo ingredienti che uso sempre come carote, sedano e cavoli (tranne quelli di Bruxelles). Il corso che definimmo "Rispetto verso la Natura" ebbe molto successo e smosse molte coscienze incuriosite dall'argomento trattato. Molti corsisti sottolinearono il fatto che anche le piante che noi mangiamo vengono "uccise". Le patate, le carote, le arachidi, i porri crescendo sotto terra devono per forza essere uccisi per essere raccolti, per queste ragioni i fruttariani, puristi del mondo vegano, si astengono dal mangiare tutto ciò che genera sofferenza anche al mondo vegetale. Conosco da anni molti fruttariani; di solito sono persone molto preparate e informate, sul piano etico-filosofico. Un mio amico cliente romano si astiene anche dal mangiare sulle tavole apparecchiate con tovagliette di carta naturale perché secondo lui questa pratica necessita l'abbattimento di alberi innocenti. Al mio amico e a tutti i fruttariani che conosco, Giulia e io abbiamo dedicato il corso del "Rispetto".

Io e Giulia abbiamo spesso pensato di aprire un nostro locale di cucina vegetale nel capoluogo lombardo nella zona di Porta Genova; il nostro sogno sarebbe quello di creare un centro polifunzionale, a Milano, con un piccolo ristorante con la cucina a vista, una sala di decompressione dalle ansie quotidiane dove fare meditazione e un negozio di abiti naturali fatti con cotone, lino e amore. Abbiamo visto anche dei bei locali, ma i soldi che ci chiedono per prenderne possesso sono sempre troppi. In una conferenza tenuta a Roma in occasione dello YogaFestival della capitale di alcuni anni fa, conobbi don Antonio Gentile, un prete amante delle Sacre Scritture di tutte le tradizioni autentiche. Don Antonio abita in un corpo piccolo piccolo e vive in un monastero antico vicino a Campello sul Clitunno, in provincia di Perugia. Persona coltissima e, come dice la mia amica Marta, padrone della parola, si occupa da decenni di evangelizzare le persone attraverso tante facoltà e talenti umani. Ama la lettura e l'esegesi biblica, conosce a fondo il mondo dello yoga classico e i libri scritti da grandi santi del passato come san Francesco, sant'Angela da Foligno e, in epoca recente, Gandhi, Pierre Teilhard De Chardin e altri mistici di tutto il mondo. Durante la conferenza che tenemmo a Villa Pamphili parlammo della sacralità del cibo secondo la tradizione cristiana e quella indiana. In particolare, io parlai delle esperienze compiute sia nei templi hindu in Italia sia in quelli che avevo visitato in alcune città del Paese di Tagore. Il pubblico rimase profondamente colpito dalle parole di don Antonio che, tra le altre cose, ha scritto numerosi libri di esoterismo cristiano. Parlammo anche della pratica del digiuno che nella tradizione cristiana antica rivestiva un'importanza davvero speciale. Secondo gli hindu, astenersi di tanto in tanto dal consumo di cibi molto proteici fa bene alla salute psicofisica. In particolare si consiglia ogni quindici giorni di mangiare per un'intera giornata alimenti leggeri come verdura e frutta. In quei giorni, tecnicamente definiti *ekadashi*, la nostra struttura psicofisica gode di una salute speciale adatta quindi anche alle attività metacognitive come la meditazione, la preghiera e il raccoglimento interiore. Don Antonio è anche esperto di digiuno; nel monastero dove vive organizza periodicamente delle sessioni di digiuni parziali o totali della durata di una settimana.

Come mai un cuoco come me è interessato alla pratica dell'astensione dal consumare cibi per un periodo di tempo preciso? Innanzi tutto si digiuna per molti motivi diversi. C'è chi lo fa per motivi di salute, estetici, per sentire meglio le energie cosmiche o per staccarsi dalle quotidiane banalità.

Appena finita la conferenza di Roma, chiesi a don Antonio di poter compiere un digiuno totale di una settimana insieme a lui. Mi consigliò di farlo nel periodo caldo dell'anno in modo da evitare di stressare troppo il mio organismo; io risposi dicendo che ero pronto da subito e che avrei fatto il digiuno a partire da gennaio. Nonostante il suo parere contrario, dopo una lunga trattativa, accettò la mia provocazione; io e Rina iniziammo nei primi giorni di gennaio un digiuno completo di sette giorni nel cuore dell'Umbria più verde, quella compresa tra la città di Assisi e la valle di Spoleto. La celletta che mi assegnarono era piena di libri di mistica cristiana che consultai appena arrivato, dato che mi ero portato il mio corredo letterario fatto di testi di Ferrini scritti in lingua inglese. Durante il ritiro lessi un libro al giorno o forse più. Al mattino io e Rina partecipavamo al rito del saluto alla Madonna in una saletta del monastero pulitissima e decorata con immagini sacre che forse hanno stimolato la fede di migliaia e migliaia di fedeli nel corso dei secoli. Di tanto in tanto "sentivo" tutta quella massa psichica depositata nella sacra stanza, avvertivo la "presenza" della preghiera fatta con il cuore da ignoti antenati provenienti da tutti i luoghi della cristianità.

Oltre alle recite di passi tratti dai testi più sacri, dedicavamo tempo ed energie al movimento ginnico. Eravamo concentrati nell'esecuzione di esercizi fisici che avevano come finalità la presa di coscienza dei principali muscoli motori. Portavamo la nostra attenzione ai piedi, alle gambe e, salendo, fino alla cima dei capelli. La preghiera, l'introspezione, la lettura della Bibbia potevano così servire a predisporre il nostro corpo a muoversi secondo le leggi divine. Dopo il ritiro mattutino, io mi recavo nella fornitissima biblioteca del monastero, dove passavo ore e ore a leggere. All'ora di pranzo, che per me e Rina significava solo un segnale definito dal grande orologio della biblioteca, uscivo dalle stanze chiuse per andare a passeggiare lungo i percorsi collinari umbri. In quei giorni invernali il sole faceva capolino spesso tanto da scaldare le pietre che divenivano per me e la mia compagna dei giacigli dove stare ad ammirare gli infiniti orizzonti. Rina mi disse quasi con le lacrime agli occhi che le sarebbe piaciuto vivere così per sempre, immersi nella gioia della semplicità e a contatto con la natura verde e profumata come quella trovata a Campello.

La giornata si chiudeva con la sacra messa della sera alla quale partecipavano oltre al nostro padre e altri due prelati, Rina io e due suorine dal sorriso serafico. Quest'ultime vivono in un edificio costruito in mezzo alle rocce del monte sul Clitunno e stanno tutto l'anno a pregare e a fare assistenza spirituale alle persone smarrite nel mondo materiale. Parlando con loro mi accorsi subito dello spessore delle due donne. Coltissime e capaci di dire molto in poche parole, avevano lasciato da anni una vita piena di agi per abbracciare la sfida delle sfide, ovvero dominare le forze ctonie che fanno perdere tempo alla stragrande maggioranza delle persone. In tutta onestà, trovavo negli occhi e nelle parole delle suorine prove di fede più suggestive della controparte maschile del monastero. Le due religiose avevano importanti realizzazioni da comunicare, frutto di ascesi prolungate e della conseguente purezza di cuore. Alla fine della settimana, regalai loro delle tisane biologiche; sembrava che avessi regalato loro un tesoro dall'inestimabile valore tanta fu l'emozione che manifestarono.

Durante il digiuno non avvertii mai fame da cibo solido, il mio corpo era sereno e in pace; solo il terzo giorno faticai ad alzarmi dal letto. Tutti i muscoli del corpo erano tesi e doloranti. Un medico presente in quei giorni nel monastero per studiare in santa pace le Sacre Scritture mi disse che la sofferenza era dovuta all'aumento di scorie presenti nei principali organi interni. Aggiunse che nell'arco di uno o al massimo due giorni i dolori sarebbero spariti naturalmente. E così accadde; il giorno seguente mi alzai bello pimpante e con la voglia di camminare, pregare e fare tutte quelle cose che non posso fare quando sono nel "mondo civile".

Mi ero immerso talmente tanto nella pratica liturgica cristiana da avvertire il bisogno di leggere in biblioteca o sotto un albero secolare i libri di Ferrini sulla scienza della tradizione indiana. Pregare come cattolico e studiare come hindu ortodosso mi sembrava in quel luogo la cosa più normale al mondo. Mi venivano in mente due grandi personaggi: Ramakrishnan, il mistico bengalese che diceva che tutte le tradizioni autentiche hanno la finalità di portare l'uomo all'unico Dio, e Pannikar, il coltissimo prete di origine spagnola e studioso di sanscrito che per tutta la vita ha cercato mettere in risalto le antiche ed eterne verità presenti nella tradizione cristiana e induista.

Il mio grande ispiratore Rabindranath Tagore non perdeva occasione di dire che l'Occidente con la sua mistica può integrare perfettamente quella orientale e viceversa.

Il digiuno dal cibo tuttavia mi servì soprattutto per concentrarmi su una particolare fase della mia vita. La mia mente sembrava più calma e serena insieme a Rina e don Antonio, segno – come diceva Ippocrate – che la prima cosa da fare per curarsi è togliersi dall'ambiente che ha generato il caos dentro di noi. Il grande medico greco dell'antichità, infatti, portava i pazienti da curare nella sua isola-ospedale allo scopo di accelerare i naturali processi curativi.

Io e Rina praticammo la purificazione ayurvedica sin dal primo giorno e bevemmo litri e litri di tisane in una stanzetta nella quale c'era un bollitore di acqua sempre pronto all'uso. Quando andavo in bagno a fare la pipì capivo dal suo odore quale tisana avevo bevuto in precedenza. Il mio corpo era talmente puro che non emetteva più rifiuti. Le scorie presenti in esso erano gestite dagli organi interni e bruciate attraverso le principali funzioni fisiologiche. Stare sei giorni senza cibo fu un'esperienza piena di meravigliose sorprese; alle persone in forma consiglio di stare per brevi periodi a dieta anche dalle cose troppo condizionanti come il telefonino, il computer, la TV, la radio e altri mezzi che distraggono troppo. A volte è meglio stare lontani anche dalle persone la cui compagnia richiede un dispendio di energie elevato.

Prima di tornare a Roma dove abitavo, don Antonio ci obbligò a pranzare insieme a lui nella cucina del monastero dei barnabiti. La perpetua era una cuoca bravissima e piena di spirito; messa al corrente del fatto che io e Rina eravamo vegetariani, lei ci rassicurò che avrebbe cucinato solo cibi vegetali. Eravamo pronti dopo una settimana a rompere il digiuno; dedicammo alcune preghiere al Signore Supremo e iniziammo il pranzo con la TV accesa su un servizio su papa Francesco. Il primo boccone, melanzane fritte e rifritte, fu subito una sorpresa. Chiesi alla cuoca se ci fosse qualche ingrediente strano nelle melanzane. Lei mi rispose che nella sua melanzana, oltre alle erbe di campo, metteva anche delle acciughe tritate. E io iniziai a ridere dentro di me; ero andato a fare un digiuno completo di sette giorni per poi romperlo con del cibo che da molti anni non compare nella mia dieta!

E allora hanno ragione i saggi quando dicono che se vuoi far ridere il Signore devi raccontargli i tuoi piani. Alla cuoca dissi che non mangiavo neanche le "amiche" acciughine ma lei era convinta che i pesciolini di mare appartenessero a una famiglia di mezzo tra i mammiferi e i vegetali. Appena saliti in macchina avvertii l'antica fame di cibo solido; per una settimana mi ero voluto bene e avevo sperimentato quello che raccomandavano da millenni tutti i grandi del passato: vita semplice e pensiero elevato.

## La ricetta
### Panini del pescatore cotti a vapore

Ingredienti (per 6 persone)
*250 g di farina tipo 2; 50 g di farina integrale; 150 g di acqua; 2 g di lievito fresco; alghe marine tritate:* kombu, nori, wakame; *scorza di limone; 50 g di olio extravergine d'oliva; 2 g di sale.*

Mettere in una bacinella le farine, il sale, le alghe e la scorza tritata finemente. Sciogliere il lievito nell'acqua tiepida e aggiungervi l'olio. Versare la parte liquida sulle farine e impastare con le mani per alcuni minuti.
Fare una palla e rivestirla con la pellicola trasparente.
Lasciar riposare per 1 ora circa.
Tirare l'impasto con un mattarello di legno in modo da ottenere una sfoglia sottile. Con un coppapasta fare dei dischi e adagiarli sul cestello di metallo rivestito con

carta da forno. Far raddoppiare di volume. Inserire
il cestello in una pentola con coperchio ermetico sul cui
fondo bolle dell'acqua profumata con spezie o con del tè.
Far cuocere i panini per 10 minuti e servirli bollenti.

*È importante che l'acqua non tocchi i panini durante
la cottura e che il fuoco sia alla massima potenza.*

## La ricetta
## Tisana ayurvedica

Ingredienti
*1 l di acqua possibilmente di sorgente; 1 cucchiaio di semi
di finocchio; ½ cucchiaio di semi di cumino; 4 chiodi
di garofano; 4 cardamomi; un pezzetto di cannella intera;
20 g di zucchero di canna grezzo; succo di 1 limone.*

Mettere tutti gli ingredienti in una pentola, tranne il succo
di limone, portare a bollore e lasciar sobbollire
per 3 minuti.
Togliere dal fuoco e lasciar riposare per 1 ora.
Filtrare la tisana, aggiungere il succo di limone e servire sia
calda sia a temperatura ambiente.

# Alce Nero

Con Massimo Santinelli, il patron di Biolab, da tempo pensavamo di intraprendere delle iniziative di cucina vegetale da inserire nel programma del principale festival vegetariano d'Italia che si tiene a Gorizia. Decidemmo così di creare un piccolo spazio, in una antica via della città, dove cucinare ricette alla portata di tutti. Alla lezione vennero tante persone provenienti dal Friuli, Veneto e dalla vicina Slovenia. Conobbi Silvia di Treviso che nel tempo è diventata una mia allieva determinatissima a diffondere il vegetarianesimo nella sua regione, e Rita, una signora elegantissima che lavora alla Giunti di Firenze. Per le ricette usammo prodotti del territorio, come delle erbe buonissime e amare che erano state raccolte poche ore prima negli orti goriziani. Feci anche conoscenza della mamma di un mio allievo istruito da me e da Pietro al Joia scomparso di recente a causa di un fatale incidente stradale.

Giovanni era stato per me un prezioso collaboratore; la sua specialità era cucinare nella partita dei piatti principali; era amato da tutti e lo raccontai a sua madre; non avevo altro da aggiungere, tanta era l'emozione nel ricordarlo. Era nato e cresciuto a Udine, amava la natura ed era un ragazzo fortissimo e pieno di iniziative anche stravaganti. Una volta andammo con tutta la brigata del Joia in Svizzera, a trovare Pietro a casa sua. Nel pomeriggio assolato, dopo un pranzo infinito, decidemmo di andare a fare il bagno in un fiume dalle acque cristalline poco distante da lì. Giovanni non esitò un secondo a buttarsi da una roccia altissima e spiovente sull'acqua. Io, se pur impaurito, nuotai partendo dalla riva ciottolosa e lasciai la roccia a molti collaboratori che seguirono l'esempio di Giovanni. Nessuno si ferì, e questo fu per me un vero miracolo, vista la pericolosità dei tuffi.

Rita, oltre al corso di cucina, partecipò anche a un'altra mia iniziativa che si svolgeva all'interno del mercato della frutta e verdura di Gorizia. Con Eleonora, la mia allieva romana, iniziammo a pulire e tornire le verdure su un banco di marmo che di solito serviva a un fioraio per creare le sue composizioni funebri. Creammo delle maionesi al latte di soia con erbe trovate al mercato e con spezie di facile reperibilità, come la paprika dolce e il pepe verde. Davanti a noi si formò una ressa di persone che forse prima di allora non aveva mai visto un cuoco usare al posto dei piatti degli oggetti naturali come pezzi di legno e grandi sassi di fiume. Infatti ero andato veramente a raccogliere le pietre nel fiume Isonzo, oltre il confine italiano. E per raccoglierle mi immersi per un bel po' nell'acqua del fiume spaventando non poco i miei accompagnatori, anche perché proprio in quella zona alcuni giorni prima un ragazzo era affogato davanti ai suoi cari.

Il grande poeta Giuseppe Ungaretti ha scritto sull'Isonzo delle pagine suggestive:

"[...]
L'Isonzo scorrendo
Mi levigava
Come un suo sasso
[...]
Questo è l'Isonzo
E qui meglio
Mi sono riconosciuto
Una docile fibra
Dell'Universo
[...]"
(*I Fiumi*, Cotici il 16 agosto 1916)

Anch'io mi sentivo una particella del Creato e volevo usare oggetti naturali come contenitori per il cibo; quindi mi mossi subito per soddisfare questa esigenza. In mezzo al pubblico c'era anche il marito di Rita, Lucio Cavazzoni, presidente di Alce Nero, forse l'azienda bio più importante in Italia. Di Alce Nero fino allora conoscevo soltanto la storia davvero speciale del suo fondatore Gino Girolomoni e la bontà di alcuni prodotti commercializzati attraverso i consueti canali biologici. In particolare, amavo cucinare il cous cous integrale con le verdure perché la semola di cui è composto si sgrana facilmente dopo un breve cottura al vapore. Di Alce Nero usavo anche da alcuni anni, nei miei corsi, le farine integrali sia per fare il pane sia per la pasta fatta in casa. L'incontro al mercato ebbe un grande successo, tanto che alcuni giornalisti delle maggiori TV nazionali mi intervistarono durante e dopo l'esibizione non programmata. In particolare, vollero sapere come mai usassi i sassi al posto dei piatti. In sincerità non seppi rispondere razionalmente; ero invece consapevole di essere in una regione molto bella con una natura spesso incontaminata. Per questi motivi scelsi di adoperare delle "cose" vere e riconducibili alla realtà in cui mi trovavo. Per me era naturale.

Fu un successo e Lucio, alcuni mesi dopo, mi chiamò per scambiare due chiacchiere. Lucio dice spesso di non amare troppo i cuochi pomposi e immersi nel proprio ego. È un grande uomo abituato a trattare con delegazioni di altissimo livello provenienti da molti Paesi del Sud America e dell'Oriente. Al tempo stesso, ama stare con le persone semplici e vere come i contadini e gli artigiani che hanno mille storie da raccontare. Ha scritto libri e tenuto conferenze in molti Paesi nel mondo e il suo ultimo lavoro editoriale si intitola *I semi di mille rivoluzioni*. In questo piccolo, grande libro c'è la sua storia e ci sono tante storie di persone coraggiose che hanno lavorato per anni e anni, buttando sempre il cuore oltre gli ostacoli, con lo scopo di promuovere l'agricoltura sostenibile. Nel libro si parla anche del distacco con il carismatico fondatore di Alce Nero; credo che Lucio abbia sofferto tantissimo per non essere riuscito a ricucire uno strappo profondo che ha portato, a un certo punto, a dividere i grandi pionieri del biologico italiano.

Ci incontrammo per la prima volta a Roma; lui esordì con una frase che mi colpì molto: mi disse che era venuto a incontrarmi perché alcune cose dette e fatte a Gorizia lo avevano incuriosito. Aggiunse che voleva solo ascoltarmi! Io rimasi di stucco; pensai che di solito ero io a fare affermazioni strane, invece stavolta fui anticipato. Parlammo per ore del più e del meno e alla fine ci salutammo. Io me ne andai a dormire e lui tornò a Bologna tutto contento.

Iniziammo quasi subito a tenere delle piccole conferenze in giro per l'Italia: Bologna, Ferrara, Ravenna, Milano e in altre città del Nord. Avevo bisogno di tornare a lavorare con un respiro di lunga gettata dopo anni passati a Roma fatti principalmente di calcoli ragionieristici. Con Alce Nero stava nascendo qualcosa di nuovo; loro mi donavano tante informazioni e materiale inerente al biologico e io ricambiavo con ricette vegetali sane e vere. In molti eventi organizzati insieme le ricette da me proposte erano realizzate solo o principalmente con i prodotti biologici Alce Nero provenienti dall'America Latina, come il cioccolato fondente, o dall'India, come il riso Basmati.

Intorno al 2013 ci trovavamo a un evento promozionale letteralmente nei campi di un'importante azienda produttrice di pomodori biologici al confine tra Cesena e Ravenna. Scopo dell'iniziativa era mostrare dal vivo la produzione del pomodoro a molti giornalisti del settore gastronomico. Il mio compito era tenere una miniconferenza con show cooking ovviamente sul pomodoro e di cucinare insieme a tre collaboratori occasionali delle ricette genuine e alla portata di tutti. I tre aiutanti anziché dei cuochi sembravano essere usciti da un film di Fellini. Uno non aveva un polmone a causa di una malattia contratta in Africa; ovviamente come cura preferiva fumare come un turco. Un altro era in mora con la Finanza e quindi doveva oltre al suo lavoro principale fare degli extra come aiutante in cucina o in sala. Il terzo, invece, era taciturno e molto diligente; appena aprì bocca mi accorsi dello spessore umano che dimorava in un corpo plasmato dalle evidenti scorpacciate a base di piadine e salumi della zona. Quest'ultimo, a un certo punto della vita, si era perso a causa di un amore finito male. La sua famiglia era composta da persone importanti; il papà faceva il primario in un grande ospedale e la mamma insegnava. Dopo la fatale sbandata, aveva deciso di lasciare l'università per dedicarsi alla cucina e al mondo della ristorazione. Lucio e io eravamo felici di stare all'aperto a cucinare insieme a dei ceffi come quelli conosciuti a Ravenna. I giornalisti apprezzarono l'iniziativa, come anche i miei tre aiutanti, che alla fine vollero fare mille foto con me. Io mi immersi nella loro follia anche perché era l'unico modo per cucinare al meglio viste le condizioni trovate sul posto. Quasi al tramonto accadde una cosa sorprendente che è stata fotografata anche da tanti operatori presenti quella sera. Vicino al grande gazebo montato per l'occasione, c'era un appezzamento di terra coltivato secondo lo stile bio pieno zeppo di piante commestibili in fiore. Sopra a esse volteggiavano migliaia e migliaia di farfalle come se si fossero date un preciso appuntamento prima di andare a letto. A poche decine di metri c'era un altro appezzamento con le stesse piante non bio; i due terreni erano divisi da una strada sterrata costruita da un contadino amico di Lucio. Ebbene, sopra alle piante c'erano pochissime farfalle, segno che qualcosa di diverso tra la produzione biologica e quella convenzionale ci doveva pur essere. Cosa avranno sentito le migliaia di farfalle che se ne stavano felici sopra i fiori a rincorrersi? E quelle poche che invece avevano scelto i fiori non bio da che cosa erano state mosse? Questa domanda la feci ai presenti ma nessuno osò rispondermi;

eravamo testimoni di un fenomeno bellissimo e ricco di spunti su cui riflettere.

Un altro evento che mi è rimasto nel cuore è stato quello organizzato a Ferrara in occasione della festa dell'Internazionale. Io mi occupai di studiare delle ricette che sarebbero state successivamente servite nell'area buffet ai giornalisti e alle delegazioni politiche provenienti da tutto il mondo, mentre Alce Nero ebbe l'onore di sponsorizzare l'intera iniziativa.

Per l'evento mi feci aiutare da un'importante realtà di Faenza specializzata in catering di alto profilo. Grande emozione provammo quando, all'ora di cena, al teatro di Ferrara salirono sul palco alcune delegazioni dell'America Latina che si occupavano di coltivazioni bio, la vicepresidente del Perù, Lucio e don Luigi Ciotti, il prete fondatore di Gruppo Abele, che avevo conosciuto alcune settimane prima a Milano. Durante la serata furono trattati argomenti quali la legalità e il senso civico. Il teatro era stracolmo di persone desiderose di ascoltare questioni legate alla conversione, solo per fare un esempio, delle coltivazioni di coca in piantagioni di canna da zucchero e nel caso di don Ciotti, della creazione di cooperative agricole biologiche nelle terre confiscate alle industrie della malavita. Con don Ciotti e la vicepresidente del Perù andammo a cena in un locale storico nel centro di Ferrara. A don Ciotti piacque parlare della mia cucina e della possibilità di creare nelle sue tante realtà dei corsi di cucina vegetale. Era curioso e sempre sorridente; nella sua voce emergeva una forza interiore rara e ben ancorata nella totale fede e abbandono a Dio. Faceva comunque un certo effetto vedere al di là del vetro del ristorante seduti tanti agenti di scorta pronti a proteggere, a costo della propria vita sia la peruviana sia il nostro saggio commensale.

Con Lucio abbiamo anche incontrato frate Alessandro, il responsabile dell'Antoniano di Bologna. Scopo della nuova collaborazione tra noi tre è inserire nelle mense dei poveri, gestite dai frati bolognesi, cibo vegetariano biologico. Con frate Alessandro siamo subito entrati in sintonia; ci siamo scambiati molti libri e ci siamo promessi di realizzare in futuro dei corsi di cucina sia per i cuochi della struttura sia per i bambini bolognesi che il centro segue da decenni.

## La ricetta
## Gnocchi di patate con ripieno di prugne
### *(omaggio all'amico friulano Giovanni)*

Ingredienti (per 4 persone)
Per gli gnocchi: *500 g di patate farinose cotte in acqua leggermente salata; 100 g di semola di grano duro; 50 g di farina semintegrale; 5 g di sale; scorze di limone; un pizzico di cannella in polvere; semola per spolverare; 4 prugne; burro di mandorle chiare; olio al tartufo; filetti di mandorle tostati; erbe profumate.*

Passare le patate al setaccio fine e trasferirle in una bacinella di metallo.
Aggiungere le farine, il sale, le scorze tritate finemente e la cannella.
Impastare con le mani per alcuni minuti. Fare una palla e rivestirla con la pellicola; far riposare almeno 30 minuti.
Tagliare le prugne, dopo aver tolto il nocciolo, in quattro pezzi. Trasferirli su una teglia e infornare a 180 °C per 8 minuti.
Dividere l'impasto in piccoli pezzi da 30 g ciascuno aiutandosi con della semola se necessario. Mettere al centro di ogni noce d'impasto un pezzo di prugna, formare delle

sfere regolari e tenerle da parte. Cuocere gli gnocchi in acqua bollente e leggermente salata nel modo classico. Scolarli e servirli subito nei piatti caldi.
Condirli con del burro di mandorle, delle gocce di olio al tartufo, le mandorle croccanti e le erbe profumate lasciate intere.

*Giovanni amava raccontarmi che gli gnocchi più buoni per lui erano quelli con il ripieno di prugne mature.*
*Lui li cucinava con le uova e il burro. La mia versione è alleggerita ma si rifà direttamente alle indicazioni che Giovanni mi diede in una fredda notte milanese.*

## La ricetta
## Cous cous integrale alle verdure, erbe profumate e limone

Ingredienti (per 8 persone)
*500 g di cous cous integrale Alce Nero; 1 l di acqua*
*1 carota; 1 costa di sedano; 1 zucchina; 50 g pomodorini secchi; 20 g capperi dissalati; scorze di limone; erbe aromatiche; olio piccante; olio extravergine d'oliva;*
*10 g di sale.*

Condire il cous cous con un cucchiaio di olio extravergine d'oliva e sgranarlo con le mani.
Mettere sul fuoco l'acqua e il sale; quando bolle versarla sul cous cous, coprire con un panno e lasciar riposare almeno per 1 ora.
Pelare la carota e mondare il sedano dalle fibre.
Tagliare le verdure a cubi regolari e saltarli in una padella

con un goccio d'olio; salare leggermente e tenere da parte.
Tagliare a cubetti i pomodorini secchi e tritare finemente
sia le scorze sia le erbe profumate. Condire il cous cous con
le verdure cotte, i pomodorini, i capperi, le scorze e le erbe.
Finire con dell'olio extravergine d'oliva e delle gocce di olio
piccante.
Servire a temperatura ambiente con una salsa leggermente
speziata.

# La cucina dell'amicizia

Tutto ha avuto inizio a casa di Daniela Scuderi, a Carugo in provincia di Como, circa dieci anni fa. Lei e la sua bambina Martina mi hanno accolto in casa loro come se fossi stato da sempre un amico di famiglia. Andavo da lei la domenica pomeriggio a studiare le Sacre Scritture della tradizione hindu e per sostenere prove e verifiche prima degli esami accademici. Daniela è una donna intelligentissima; è stata un'apprezzata manager di importanti multinazionali e ha viaggiato in tutto il mondo. A un certo punto, però, ha deciso di occuparsi anche di come conoscere se stessi attraverso la psicologia orientale e altre scienze umanistiche. Insieme abbiamo passato giornate meravigliose ed emozionanti e col tempo lei è diventata una persona alla quale rivolgere le domande importanti della mia vita. Prega tutti i giorni e, tra le tante attività svolte con rinnovato amore per il prossimo, si occupa dell'organizzazione di eventi culturali in Lombardia. È anche diventata una brava *counselor* e la sua dimora oggi si presta anche come luogo di prima accoglienza per tante persone bisognose di buoni consigli. Durante un lungo viaggio in auto parlammo per la prima volta della volontà di fare dei corsi di cucina vegetariana a casa sua per i nostri comuni amici e per i compagni di studi che, nella maggior parte dei casi, erano spaventati dalla cucina vegetariana. Molti mi dicevano: "Che bella la cucina etica, ma come si fa a prepararla a casa nostra? I nostri mariti e i nostri figli vogliono tutti i giorni la carne ai ferri e il prosciutto!". Dalle intenzioni passammo velocemente ai fatti e così iniziammo a cucinare attorno al grande tavolo che si trova nella sua luminosa cucina che guarda un piccolo parco pieno di alberi altissimi. Il mio primo corso di cucina, quindi, l'ho tenuto a casa di una preziosa amica molti anni fa. Allora non immaginavamo che in futuro sarebbe diventata un'attività così importante. Le ricette erano molto semplici, come il riso all'indiana, la crema di lenticchie al curry e dei dolci senza uova. Allora ero lacto-vegetariano, quindi cucinavo anche con il burro e lo yogurt e per fare i dolci usavo la panna, quella vera. Durante le lezioni mi inceppavo spesso; non ero capace di cucinare e parlare allo stesso tempo con scioltezza, tuttavia in quelle classi ci divertimmo come matti grazie alla straordinaria capacità di adattamento di Daniela. A lei, come a Elena di Firenze, dedico questo sforzo letterario. Alcune donne incontrate nella mia vita mi hanno insegnato la pazienza, la mitezza e la possibilità anche di fare bene più cose allo stesso tempo. Quando la sento al telefono rammentiamo sempre quelle domeniche; inoltre Daniela mi ha affiancato in alcune lezioni tenute in Svizzera e in alcune scuole alberghiere di Milano.

All'Hotel Hilton di Milano, insieme a Carmen Nicchi Somaschi dell'Associazione Vegetariana d'Italia, organizzammo dei corsi di cucina vegetariana che ebbero un discreto successo. Imparai molto da quell'esperienza. Io e Carmen eravamo vegetariani, ma la nostra didattica era vegana. In una lezione domenicale decidemmo di farcire la pasta con due ripieni: uno al *tofu* fatto da noi, strapazzato, e uno con la ricotta ottenuta grazie al caglio vegetale. Tra i nostri studenti nessuno assaggiò quella ottenuta con il derivato animale. Per me fu uno shock! Non immaginavo che i miei corsisti fossero al 100% amanti della cucina vegetale. Da quel giorno del 2010 non ho più cucinato nessun prodotto animale.

Il dottor Filippo Segato alcuni anni fa mi contattò a nome dell'APPE – Associazione Provinciale Pubblici Esercizi di Padova allo scopo di tenere delle lezioni specifiche per i cuochi veneti interessati a sviluppare nei propri ristoranti delle portate vegetariane. L'APPE è un'associazione ben organizzata, che ha tra gli altri compiti quello di fornire nuovi strumenti e aggiornamenti continui ai cuochi e pizzaioli del Veneto. Per più di due anni abbiamo organizzato delle lezioni di cucina vegetale presso la ditta Rogi di Montegrotto. Le giornate erano organizzate in modo che potessimo realizzare ricette vegetariane provenienti da tutto il mondo: *seitan* 1 e 2, soia 1 e c, pasticceria della salute, cucina crudista ecc… Anche la famosa famiglia di ristoratori Alajmo faceva parte del pubblico e Massimiliano (il più giovane chef ad avere ottenuto una valutazione di tre stelle dalla Guida Michelin) mi chiamava spesso per sapere come stavano andando le lezioni, visto che vi partecipavano anche dei suoi stretti collaboratori. Il tanto lavoro fatto insieme ha portato l'APPE a pubblicare un libro sulle ricette vegetariane più di successo, cucinate nei ristoranti dagli studenti-chef. Grazie all'associazione riuscimmo a creare dei piatti vegetariani legati al territorio che sono diventati dei must per alcuni locali gestiti dai nostri studenti. Come aiutante nelle aule di Montegrotto ritrovai Marco di Udine che avevo conosciuto e apprezzato ai tempi del Joia. Io e lui ricordavamo spesso il nostro amico Giovanni. E durante le esperienze venete ci siamo ritrovati come due vecchi e affiatati amici.

Anche l'ESAC – Centro di formazione Università del Gusto di Vicenza volle creare delle lezioni di cucina vegetariana per i suoi studenti dell'Università del Gusto. Nelle luminose aule del centro di Creazzo si svolsero alcune delle più belle lezioni che io abbia mai tenuto, merito anche del responsabile dei laboratori Marco Perez e della strumentazione di alto livello disponibile sul posto. All'ESAC tenni anche lezioni sulla cucina per celiaci; non poca sorpresa destò la mia pasta fatta interamente con la farina di lenticchie indiane che cuocemmo in acqua, al vapore, in olio e al salto. Le diverse cotture erano capaci di dar vita a consistenze molto dissimili tra loro tanto da suscitare l'interesse di giornalisti e fotografi del territorio. All'ESAC di Vicenza conobbi Giorgia, un'allieva celiaca e determinatissima in cucina, e lei mi aiutò molto nell'organizzazione dei corsi lì tenuti. Adesso cucina solo cibi vegetariani dopo aver fatto delle esperienze durissime presso importanti cucine stellate.

A Roma ho insegnato nelle scuole storiche del Gambero Rosso; ho conosciuto molti ragazzi in gamba e desiderosi di imparare le basi delle principali branche della cucina. Un mio studente, durante una lezione, propose di inserire dei pomodorini secchi nella pasta di *seitan* ancora cruda. Scopo del suggerimento era quello di conferire al *seitan*, una volta cotto, un sapore che ricordasse la cucina di casa. E quindi mettemmo subito alla prova il consiglio; cucinammo un panetto di pasta di *seitan* con al suo interno dei pezzetti di pomodorini secchi e dei semi di finocchio. Una volta raffreddato, tagliato a pezzi e saltato, il *seitan* divenne buonissimo e croccante, forse il migliore che io abbia mai preparato. Spesso adesso aggiungo questa ricetta tra quelle che preparo quando tratto come tema il *seitan*.

E non mancano lezioni tenute presso locali sparsi in tutta Italia. Nella bellissima Tarvisio, per esempio, ho cucinato con grandi chef e pasticcieri italiani. Per giorni ho patito un gran freddo e ho pensato a come rendere la cucina vegetale adatta alla montagna.

Presso lo Chalet Eden a La Thuile, in Val d'Aosta, con la patron Daniela realizzammo delle belle giornate di cucina vegetariana e dibattiti aperti alle persone che dimorano nella regione dei castelli più belli d'Italia. Lo chalet si trova a circa 1400 metri di altitudine e fino a qualche generazione fa gli abitanti del luogo vi coltivavano dei vegetali salvavita, come la segale di montagna e le patate quaranta, così chiamate perché dal momento della semina al raccolto passano solo quaranta giorni. Con la segale facevano un pane duro e molto scuro, probabilmente il più sano al mondo, e con le patate dei purè fumanti conditi solo con il sale ed erbe spontanee amarissime ma ricche di sostanze nutritive. Una signora molto distinta, durante una conferenza nelle calde stanze dello chalet, ci raccontò quanto fosse dura la vita nelle montagne della zona. Durante il periodo invernale, la scarsità del cibo, il freddo e la neve rendevano la vita una sfida che tutti i giorni doveva essere superata. Il freddo era talmente pungente che per bere dovevano scaldare la neve visto che l'acqua nelle brocche durante la notte congelava anche nelle case riscaldate alla meglio con la legna. E non poche persone morivano in tenera età; l'aspettativa di vita era ben diversa rispetto a quella di cui noi oggi godiamo.

Con Stefany Gangone e Vittorio Curtarello di *Viaggia Vegan* organizzammo dei corsi sia nella tenuta Lamborghini sul lago Trasimeno in Umbria sia vicino a Paestum in Campania. Tali iniziative ci consentirono di conoscere persone provenienti da ogni dove. E anche i cuochi che ci aiutarono furono, a mio avviso, stimolati a cucinare secondo lo stile vegetale. Sia in Umbria sia in Campania scegliemmo luoghi molto suggestivi sul piano paesaggistico. Vedere, per esempio, il tramonto dalle colline di Paestum credo sia un'esperienza dal carico emotivo senza prezzo. Ovunque io sia andato ho sempre cercato di prendere a modello le tradizioni locali e le esperienze culinarie portate avanti soprattutto dalle persone più anziane. Ho spesso interrogato prima delle lezioni la gente del posto allo scopo di "sentire" con il cuore le storie vere che solo le persone semplici non ha disimparato a raccontare.

Alessandro Fiorini, il mio amico d'infanzia di Firenze, si occupava invece di organizzare corsi, in alcuni casi con piccole conferenze, in alcune prestigiose dimore fiorentine come i'Hotel Astoria nella centralissima Firenze, a Mercatale Val di Pesa in un casale bellissimo immerso nel verde e alla Villa Olmi vicino a Bagno a Ripoli, il paese in cui ho vissuto per quasi tre anni molto tempo fa.

Ho girato molto con la custodia dei coltelli sempre pronta a essere sciolta. Grande successo riscosse un'iniziativa pensata insieme a Sonia Giuliodori, la responsabile di "Funny Vegan", la rivista di cucina vegetale più importante in Italia. Nei comodi locali presso il Consolato svizzero a Milano abbiamo tenuto una conferenza-show sul tema della cucina vegana e delle padelle di argento puro realizzate da San Lorenzo, un'azienda *designer oriented* molto famosa. In quell'occasione abbiamo servito anche del cibo fresco e cucinato dal vivo con strumenti che sembrano vere opere d'arte, messi a punto da grandi esperti dei metalli preziosi. Fino a quel momento conoscevo l'argento come un metallo da destinarsi a usi più convenzionali: anelli, chincaglieria e oggetti da casa. Una padella di vero argento, come direbbe un mio insegnante di cucina ayurvedica, è molto forte, ha la capacità tra le altre di rendere i cibi sanissimi e di non ossidarli durante la cottura. Quando usai per la prima volta la padella San Lorenzo mi sentii davvero fortunato perché nessuno, soprattutto all'inizio della mia carriera di cuoco, poteva immaginare che un ragazzo partito da Casellina potesse arrivare a fare delle esperienze professionali e umane così ricche e diverse tra loro. La mia compagna di avventura mi aiutò moltissimo a mostrare che la bellezza e l'eleganza possono andare a braccetto anche con la nostra cucina. Quella sera servii addirittura insalata russa di verdure e maionese di soia direttamente sul fondo della padella a specchio. Per me era un omaggio esplicito al genio che aveva ideato gli strumenti usati e presentati per l'occasione. Sonia è una ragazza elegante al posto giusto per diffondere la cucina vegetale in Italia. È talmente disponibile che, una volta, durante un corso-conferenza tenuto al SANA – Salone Internazionale del Naturale di Bologna, si preoccupò di reperire il cibo da offrire al pubblico presente in sala. Un gesto semplice che però fa la differenza tra coloro che parlano soltanto e le persone che tentano anche di fare qualcosa per gli altri.

Da anni partecipo al VeganFest, che adesso si tiene nei padiglioni della fiera del SANA di Bologna; con Renata Balducci e Sauro Martella, gli organizzatori/guerrieri vegani del VeganFest, siamo d'accordo su tutto tranne forse su alcune formule espressive. In loro apprezzo soprattutto la capacità di fare rete e unire le varie correnti legate al mondo vegano, animalista, ecologista ecc...

Da anni salgo sul palco anche del Sanit – Forum Internazionale della Salute di Roma, per mostrare alcune ricette legate alla nostra esperienza culinaria. Il Sanit è uno dei congressi sulla salute più di successo in Italia; di solito le mie esibizioni sono tra le più seguite nel Centro Congressi dell'Eur.

Partecipo spesso alle trasmissioni radio come *Decanter* su Rai Radio2, e altre stazioni nazionali. I conduttori mi chiedono di parlare di cucina vegetale sana e adatta a un pubblico vasto e variegato.

Dal settembre 2015 il canale Gambero Rosso ha trasmesso settimanalmente *Vegetale,* trasmissione da me condotta insieme all'amico Nik Difino, sulla cucina che io definisco "dei vegetali". Le puntate sono state registrate per metà all'aperto presso un casale-frantoio della campagna marchigiana e per l'altra metà nelle cucine del bellissimo locale vegano Lord Bio di Macerata. Sono stato anche ospite di programmi Rai, quali *Geo,* condotto da Sveva Sagramola, e *Animali*, guidato dall'amica Licia Colò su TV2000.

Ultimamente mi chiamano spesso in TV per offrire un contributo vegano a trasmissioni generiche o con speciali attenzioni alle tematiche legate alla salute. Per fare un esempio, durante una diretta su Rai1, io, da Roma, e il professor Umberto Veronesi e Paola Maugeri, da Milano, abbiamo consigliato la cucina vegetariana a tutte le categorie di persone: bambini, sportivi, adulti e anziani. Accanto alla mia sedia c'era l'unico rappresentante della dieta onnivora che di fronte a delle evidenze scientifiche mi sembrava leggermente in difficoltà nell'esporre l'idea che la dieta carnea sia superiore a quella vegetariana. Poiché mi spiaceva molto vederlo in minoranza, così cercai perfino di aiutarlo, seppure in modo non esplicito. In lui vedevo me e le mie condotte passate, i miei amici e parenti che ancora non hanno abbracciato la dieta vegetariana. Mi chiedo ma lo devono proprio fare? Forse anche no?

Grazie alla collaborazione di Mariangela Frasca, avvocato di Roma e studiosa di sana alimentazione, abbiamo organizzato dei corsi per Coneffe, un consorzio che raggruppa centinai di farmacisti laziali. Le lezioni hanno riscosso uno straordinario successo di partecipanti; erano divise in aree specifiche di interesse come celiachia, glicemia e tante altre questioni legate alla nostra salute. I dottori farmacisti mi hanno colpito per la grande attenzione nel trattare gli argomenti legati alla cucina vegetale. Si sono mostrati sempre molto attenti e sensibili anche su questioni che storicamente non sono state trattate nelle loro attività. I consigli sulle diete sane per i farmacisti-corsisti erano state per anni più una questione privata che un compito professionale. Con Mariangela stiamo pensando di proporre il format ben sperimentato con Coneffe anche per altri importanti protagonisti della salute pubblica.

Infine, Luca Montersino e Francesca Maggio mi invitano da anni a tenere delle lezioni sulla cucina vegetariana nelle aule della loro bellissima scuola iCook, a Chieri, nei pressi di Torino. Scopo dell'iniziativa è fornire agli studenti a tempo pieno della scuola nozioni utili alla loro crescita professionale. Nell'ultimo seminario della durata di una settimana abbiamo trattato sia le basi della cucina vegetariana sia realizzato delle ricette gourmet, come il *tofu* fatto con le nocciole, la pasta con il glutine aggiunto e altre piccole sorprese che hanno incuriosito i futuri chef.

Alle centinaia di persone incontrate durante le tante attività svolte negli ultimi anni dico semplicemente grazie! Molte delle iniziative intraprese hanno generato tanto fermento umano da aiutare alcuni studenti nella scelta della propria strada lavorativa.

Alcune di queste sono rimaste impresse in modo indelebile nel mio cuore perché hanno coinciso con incontri semplici e speciali con persone in gamba e molto attente ai temi vegetariani.

Le lezioni nel tempo hanno cambiato anche me; in passato ero più incline a dare risposte dettagliate, forte anche delle informazioni apprese dai tomi letti e studiati. Oggi sono più attento all'ascolto delle tante domande che arrivano dai banchi di lavoro. Oggi forse non sono più sicuro delle risposte date nel passato; forse l'interesse più grande per me è stare insieme alle tante e differenti opinioni. E la cucina dei vegetali è un potente strumento per realizzare questo obiettivo di vita!

La ricetta
Affettato di seitan ai pomodorini
e semi di finocchio
*(omaggio al mio studente romano)*

Ingredienti (per 8 persone)
Per la pasta di *seitan*: *250 g di farina tipo 0; 250 g di farina di farro; 300 g di acqua.*
Per il brodo di cottura: *3 l di acqua; 15 g di sale;*
*15 g di salsa di soia; un pezzetto di alga* kombu;
*un pezzetto di ginger.*
Per il salume di *seitan*: *250 g di pasta di* seitan;
*20 g di pomodorini secchi; un pizzico di semi di finocchio;*
*un pizzico di pepe verde in polvere.*

Mettere le due farine in una bacinella; aggiungervi l'acqua e impastare per alcuni minuti. Fare una palla e immergerla completamente in acqua. Lasciarla riposare per 6 ore; iniziare a lavare il panetto sotto l'acqua corrente in modo da eliminare l'amido. L'acqua di risciacquo si colorerà di bianco. Continuare a massaggiare l'impasto fino a compattare tra le mani il glutine. Pesare la pasta di *seitan* e tagliarla a pezzetti; metterli in un cutter potente insieme ai pomodorini tagliati a pezzetti, i semi di finocchio tritati e il pepe in polvere. Frullare per pochi secondi in modo da far aderire i pomodorini al *seitan*. Fare un filoncino e rivestirlo con un panno di lino o di cotone. Serrarlo con dello spago in modo da ottenere un salsicciotto regolare. Mettere sul fuoco l'acqua con tutti gli ingredienti del brodo: quando bolle aggiungervi il *seitan* e far sobbollire per 50 minuti a fuoco basso e con il coperchio. Lasciar raffreddare il panetto nella sua acqua.

Togliere il *seitan* dal panno e affettarlo sottilmente con una macchina apposita. Le fette possono essere anche marinate prima di essere servite con una marinatura a base di olio, succo di limone e tante erbe. Aggiungere se necessario un pizzico di sale.

### La ricetta
### Insalata russa alla maniera di San Lorenzo
### *(omaggio alle padelle di argento puro 999)*

Ingredienti (per 4 persone)
Per le verdure: *100 g di carote; 100 g di zucchine; 100 g di sedano; 100 g di piselli freschi; erbe; fiori; scagliette di argento puro commestibile.*

Per la maionese alle nocciole: *100 g di latte di soia al naturale; 20 g di nocciole tostate leggermente; 10 g di succo di limone; 160 g di olio di mais; 60 g di olio extravergine d'oliva; 2 g di sale.*

Pelare le carote e il sedano. Tagliare le verdure, tranne i piselli, a cubetti regolari e saltarli in una padella con un goccio di olio. Salare leggermente e tenere da parte. Mettere il latte in un bicchiere insieme alle nocciole e frullare alla massima velocità fino a ottenere un liquido liscio. Aggiungervi il succo e il sale e miscelare bene. Unire i due oli e versarli a filo sul latte. Al tempo stesso frullare con il frullatore a immersione alla massima velocità. Alla fine dell'operazione si ottiene una maionese stabile e spumosa. Conservare in frigorifero fino al momento dell'uso. Distribuire sul fondo dei piatti le verdure saltate, adagiarvi sopra dei cucchiai di maionese alle nocciole e decorare con le erbe e i fiori commestibili. Finire con delle scagliette di argento commestibile.

La ricetta
Tofu al latte di soia e di nocciole
*(ricetta accademica in omaggio
ai ragazzi di Icook di Torino)*

Ingredienti (per 4 persone)
*2 l di latte di soia al naturale; 50 g di nocciole leggermente tostate; succo filtrato di 2 limoni.*

Frullare alla massima velocità il latte di soia insieme alle nocciole tostate fino a ottenere un liquido liscio.

Mettere sul fuoco il latte e girare di continuo.
Far sobbollire per 3 minuti. Togliere la pentola dal fuoco
e portare il latte alla temperatura di 85 °C. Girare piano
piano con un cucchiaio di legno e versare a filo il succo.
Dopo l'operazione, i fioretti di *tofu* alle nocciole saliranno
in superficie. Lasciar riposare per 3 minuti; recuperare le
proteine rapprese con una piccola schiumarola. Trasferire
la parte solida in un colino rivestito con un panno di
cotone o di lino e far riposare alcune ore in modo da
compattare il formaggio vegetale.

*Il* tofu *alle nocciole può essere saltato in padella con un
goccio di olio extravergine d'oliva, grattugiato strapazzato
e condito a crudo con* tamari, *erba cipollina e olio piccante.
Oppure può essere marinato con olio extravergine d'oliva,
succo di limone o aceto balsamico e condito con tante erbe
profumate.*

# Expo – Macerata
# in continuo movimento

Il grande neurologo e scrittore inglese Oliver Sacks, recentemente scomparso, ha intitolato la sua biografia *In movimento*. La sua lunga vita è stata caratterizzata da tante sfide umane e professionali, sfide che definirei in continuo movimento e in fermento come il formaggio che da anni faccio con le mandorle e dei lactobacilli vegetali. Niente di più azzeccato anche per il mio ultimo anno passato in Expo, a fianco dei cuochi di Alce Nero e Berberè e nel ristorante Lord Bio nel cuore della bella Macerata. Da Milano a Macerata non ci sono mezzi di trasporto diretti; esistono diversi treni che poco hanno a che fare con la regolarità tipica della principale tratta italiana, per intendersi quella percorsa dai Frecciarossa. A seconda della stagione dell'anno, le offerte delle Ferrovie dello Stato sono molto diverse da loro. Solo per fare un esempio, nel periodo estivo è facile immaginare che i treni diretti verso la costa adriatica siano stipati come dei pollai da turisti con l'infradito, mentre nella direzione opposta si trovano gli escursionisti un po' più ordinati in viaggio verso la Fiera Internazionale alla ricerca dei tesori perduti.

Con Lucio da tempo parlavamo di iniziare una collaborazione vera e propria a partire da un evento preciso; la prima ipotesi era la fabbrica dei contadini di Bologna FICO oppure come seconda scelta l'Expo di Milano. E subito è stato amore. Insieme al presidente di Alce Nero e ai responsabili di Berberè, i maestri della pizza a levitazione naturale Salvatore e Matteo, abbiamo progettato la cucina dove si sarebbero preparati centinaia e centinaia di pasti e di pizze al giorno, all'interno del padiglione della Biodiversità, direttamente gestito dall'Ente Fiera di Bologna. La grande cucina è divisa in due aree distinte: una per la pizza e una per la produzione dei piatti vegetali. Dopo una fase iniziale poco felice, il nostro padiglione è diventato un luogo visitato da migliaia e migliaia di persone affamate e stanche dalle lunghe code fatte nei padiglioni vicini: Giappone, USA, Russia ecc...

L'esperienza fatta in Expo mi ha permesso, dopo alcuni anni, di confrontarmi nuovamente con decine di ragazzi che lavorano in cucina. Io e il mio fedele aiutante Marco in poche settimane siamo riusciti a organizzare delle procedure che hanno permesso ai nostri cuochi, che non conoscevamo fino al giorno prima dell'apertura, di realizzare piatti salati e dolci sempre freschi e rinnovati di giorno in giorno. La brigata dei cucinieri è stata bravissima a gestire nel modo più sereno possibile le tante variabili che una manifestazione di questo livello porta con sé. Expo è stato un grande successo anche per Alce Nero e per le pizze Berberè. Oltre a cucinare, abbiamo creato degli eventi sia di natura culturale sia showcooking veri e propri all'aperto grazie all'aiuto di Sofia e dei ragazzi del vicino supermercato del biologico Naturasì. Alle nostre conferenze/show hanno partecipato centinaia di persone molto incuriosite dai nostri temi... Ed Expo è stato anche un laboratorio legato alla biodiversità e alla vita in generale; solo per fare un esempio: l'acqua del laghetto di fronte al nostro padiglione, durante i primi giorni, era abitata solo da poche piante di riso messe lì prima dell'apertura della Fiera e da qualche zanzara acquatica. Con il passare del tempo, minuscoli girini, insetti d'acqua e piccoli pesciolini si sono messi a giocare tra loro come in una giostra sommersa. Grande festa all'arrivo in massa delle libellule dalle ali trasparenti. E non sono mancate le rondini che venivano a bere e i germani con i loro numerosi piccoli al seguito. Ma da dove sono arrivate tutte queste meraviglie? Lo chiedevo spesso ai miei collaboratori; la vita delle cose viventi spesso vince su tutto, anche sui disastri fatti dall'uomo. Invece di guardare nella direzione delle persone che si mettevano in coda per entrare nei vari padiglioni, la mia attenzione si rivolgeva verso l'acqua dei laghetti oppure verso i piccoli alberi piantati per l'occasione ai cui piedi mi sdraiavo per leggere di tutto e per scrivere questo piccolo libro. E la gente attorno mi sorprendeva perché era capace di mettersi in fila, fino ad attendere dieci ore, per vedere dei piccoli campionari di copie non autentiche di oggetti provenienti da tutto il mondo. Ero anche deluso nel vedere importanti multinazionali presenti sul Decumano per offrire del cibo che ha già fatto abbastanza danni al genere umano. Ma l'Expo non è nato per elaborare nuovi pensieri in tema di cibo sostenibile per l'intero pianeta? Il dottor Franco Berrino, uno dei miei maestri, al telefono spesso mi diceva che era dubbioso sulle scelte – che dobbiamo dire hanno riscosso grande successo – compiute dagli organizzatori del macro evento. Come diceva Tiziano Terzani, forse è arrivato il momento di mettere davanti a tutto l'etica, anche prima della piccola e della grande economia. Folco, il figlio di Terzani è venuto a trovarmi in Expo con la moglie Geia, anch'essa fiorentina, che ha da poco sposato in un bellissimo castello del casentino. Siamo stati insieme poche ore poiché tutti e tre eravamo stanchi delle resse e delle code da fare ovunque. Arrivati senza visitare niente al padiglione della Biodiversità, ci siamo messi sotto a un albero vicino al laghetto delle libellule a mangiare le insalate e le pizze preparate dal mio staff. Subito dopo pranzo, ci siamo incamminati verso l'uscita; invece di percorrere il Decumano, abbiamo camminato lungo la strada tortuosa che fiancheggia la Fiera delle Meraviglie, con gli autobus e le macchine del soccorso che ci passavano accanto. Abbiamo fatto in tempo, comunque, a vedere la malva e il tagete in fiore. Questo è stato l'Expo per Folco! Lui e la moglie hanno visto la mia cucina, il laghetto e gli alberi dalle foglie verdi. Questa sì che è saggezza.

Ma Expo per me è stata comunque un'esperienza ricca di grandi emozioni, come lavorare di nuovo insieme a tanti ragazzi, alcuni dei quali giovanissimi, visitare i padiglioni poco affollati, come quelli in cui si mostrano i prodotti della terra, antichi più dell'uomo, come il *teff* e il *fonio*, due cereali africani molto nutrienti e naturalmente senza glutine. Expo è stato anche un laboratorio umano; ho assistito a conferenze interessanti, di solito con poco uditorio, e ho incontrato molte persone sinceramente intenzionate a migliorare le cose nel mondo. Nell'ultima settimana di Expo i pesciolini del laghetto sono diventati dei mostri marini, visto che le loro dimensioni si sono moltiplicate grazie alla quinoa, all'orzo e al Basmati cotti che gli offrivamo quotidianamente. Vorrei salutare i miei amici pesci e spero che nella vita possano, dopo l'Expo, trovare delle acque limpide in cui nuotare e riprodursi.

A Macerata lo scenario è completamente diverso.

Raffaele Delle Fave e la moglie Annapaola da tempo pensavano di aprire un ristorante con cucina vegetariana nel cuore della città dove abitano da sempre. Entrambi sono molto conosciuti nella zona; più di una volta ho avuto modo di definirli delle persone in gamba e gentili con il genere umano. Il ristorante Lord Bio si trova nella piazza più bella del centro città ed è stato pensato come un luogo in cui si possano fare colazioni, pranzi e cene a base di prodotti biologici e vegetali del territorio. Raffaele di professione è avvocato, ma ha sempre avuto la passione della terra e ne possiede ettari ed ettari, coltivati soprattutto a cereali e legumi. Al comando della cucina c'è la mia allieva di maggior successo, Federica Scolta. Testarda come molti abruzzesi, Federica è stata una fedele assistente con la quale ho condiviso molte delusioni e poche gioie. A lei devo molto delle esperienze che ho fatto negli ultimi anni. Ho cercato anche di assumerla in tutti i modi nel mio ristorante della capitale, date le sue capacità umane e professionali. Con il ristorante di Macerata Federica è diventata una cuoca (*cheffa*) a tutto tondo. Oltre a cucinare, deve occuparsi degli ordini, si deve preoccupare dei rapporti con i colleghi e della gestione delle infinite dinamiche che caratterizzano la vita di un ristorante. Del resto, le ho sempre detto che il difficile non è cucinare cibi vegetali, ma far funzionare tutto il resto. Quando io sono a Macerata, abito con Federica in una grande casa. Con noi vive anche un'affettuosa gattona che si chiama Parquet, come il legno, perché ama starsene in panciolle molte ore al giorno sul pavimento. Insieme a Federica in cucina lavorano anche Luca, un ragazzo marchigiano pieno di energie, e Maria una donna moldava che ama cantare nella sua lingua poesie d'amore. Quando ce le recita, noi rimaniamo in silenzio non per lo stupore, ma perché, come ci spiace ricordarle, in Italia a scuola come seconda lingua si impara l'inglese o al massimo il francese o lo spagnolo. Per il moldavo ci stiamo attrezzando...

Federica è bravissima, tanto da partecipare con successo anche a concorsi di livello internazionale come quello che Paolo Marchi, il patron di "Identità Golose", e un famoso brand di birra organizzano tutti gli anni a Milano. Nell'ultima edizione la mia allieva è riuscita ad arrivare in finale e ha presentato un piatto, secondo me straordinario, che ha come elemento costitutivo i fagioli cannellini coltivati nelle terre di Raffaele. In sostanza, ha cotto in sette maniere diverse il legume in modo da ottenere altrettante consistenze e sapori. Una ricetta complessa e modernissima allo stesso tempo. Ma Federica non spicca solo perché è una cuoca talentuosa, è anche una ragazza leale che ama le cose giuste e odia, come me, i sotterfugi e i chiacchiericci.

Per lavorare con me ha lasciato il suo precedente maestro, Niko Romito, pluristellato e abruzzese come lei. Mi auguro che Federica riesca a realizzare tutte le cose che porta nel cuore e che resista a restarmi accanto il più a lungo possibile perché io sono un "ragazzo" un po' strano, a metà strada tra l'anarchico e lo studente a vita!

## La ricetta
### Hummus di cannellini e latte di cocco
*(che Federica ama fare a pranzo
nel locale di Macerata)*

Ingredienti (per 4 persone)
*400 g di cannellini cotti nel modo classico; 100 g di latte
di cocco al naturale; un pizzico di assafetida in polvere; olio
piccante; erbe profumate; scorza di limone.*

Passare al setaccio fine i fagioli in modo da ottenere
una purea liscia.
Condirla con il latte di cocco, un pizzico di assafetida
in polvere, leggermente tostata in padella, dell'olio
extravergine d'oliva, delle gocce di olio piccante, le erbe
e le scorze tritati finemente. Salare se necessario.
Servire l'hummus di cannellini a temperatura ambiente;
decorare con le erbe aromatiche lasciate intere e una
piccola quenelle di *chutney* piccante e leggermente acido
a base di frutta o verdure di stagione.

## La ricetta
### Biscotti di semola e olio d'oliva al rosmarino
*(serviti al Lord Bio di Macerata)*

Ingredienti per 40 biscotti tondi
*750 g semola di grano duro; 250 g di fioretto di mais;
320 g di zucchero di canna chiaro; 240 g di olio*

*extravergine d'oliva; 300 g di acqua o succo di frutta*
*al naturale; 24 g di cremortartaro; un pizzico di sale;*
*aghi di rosmarino; scorze di limone.*

Mettere in una bacinella la semola di grano, il fioretto
di mais, lo zucchero di canna, frullato insieme alle scorze,
gli aghi di rosmarino tritati col coltello, il cremortartaro
e il sale. Unire l'olio e l'acqua e miscelare i due liquidi con
un frullatore a immersione. Versare la parte liquida sugli
ingredienti secchi e lavorare l'impasto con le mani per
alcuni minuti. Formare una palla e coprirla con un panno
di cotone. Lasciar riposare almeno per 30 minuti.
Con un matterello di legno distendere la pasta, in mezzo
a due fogli di carta da forno, in modo da creare una sfoglia
dello spessore di pochi millimetri. Trasferirla su una placca
e metterla nel congelatore per 1 ora.
Con un coppapasta tondo creare dei dischi, adagiarli
su una teglia rivestita con la carta da forno, e cuocerli
a 170 °C per 9-10 minuti. Lasciar raffreddare bene prima
di servirli.
Se la cottura è corretta, i biscotti diventeranno molto
croccanti e profumati. L'impasto può essere usato anche
per fare delle crostate e altre basi della pasticceria
"della salute" con un basso contenuto di zuccheri e grassi
aggiunti.

# 46/21

Il 12 agosto 2015, dopo una lunga riflessione, ho varcato la porta della piscina Cozzi di viale Tunisia a Milano. All'età di quarantasei anni, dopo ventuno di inattività, ho deciso di riprendere l'attività sportiva, che per me significa praticare il nuoto.

Un grave infortunio alla spalla destra, mai del tutto risanato, mi aveva costretto all'età di venticinque anni a smettere di nuotare. All'epoca mi stavo allenando per delle competizioni europee, ma purtroppo non presi mai il treno per la Germania a causa del dolore insopportabile che sentivo ogni volta che muovevo il braccio destro, soprattutto in presa sommersa. Inutili furono i tentativi del dottor Bonifazi, medico della squadra italiana di nuoto, che lavorava a Siena. Provai anche a fare tanta palestra allo scopo di stirare i muscoli delle braccia e indirizzarli così verso una direzione che non fosse in conflitto con le ossa delle spalle. L'infortunio, infatti, era causato da un'infiammazione da contatto tra una fascia muscolare e le ossa che tutti noi abbiamo all'altezza delle spalle. Inutili furono anche le cure di medici, fisioterapici e "stregoni" che visitai a Firenze per risolvere il problema.

Tutti erano in disaccordo tra loro. Un famoso massaggiatore atletico mi fece comprare della pelliccia di pecora da tenere, durante la notte, sulla parte dolente. Un autorevole fisioterapista ogni volta che mi visitava, anche per pochi attimi, mi chiedeva delle ingenti somme di denaro che io ritenevo sproporzionate sia all'impegno sia al grado di attenzioni ricevute. In una clinica per sportivi, invece, mi sottoponevo a massaggi che duravano decine di minuti. Ma niente di tutto questo sembrava funzionare: la mia spalla destra si era indebolita fino a perdere ben il 30% della sua forza.

Il nuoto aveva sempre fatto parte della mia vita, fin da piccolo tutti gli insegnanti incontrati avevano elogiato la mia naturale acquaticità.

Quando con la mia famiglia andavo al mare, mia madre iniziava subito a preoccuparsi perché, appena lei girava la testa, io mi tuffavo in acqua e con poche bracciate distanziavo tutti gli altri. Tornavo a riva solo quando avevo le labbra viola dal freddo.

Ho iniziato a fare nuoto agonistico a sei anni grazie alle meravigliose iniziative che la scuola consigliava di fare dopo l'orario delle lezioni. Con i pulmini gialli andavo ad allenarmi tre-quattro volte alla settimana in diverse piscine della città. E l'acqua mi è rimasta nelle ossa, tanto che ancora oggi l'unico sport che seguo in TV sono le gare di nuoto.

In piscina ho passato tante ore della mia vita e molte amicizie sono nate a bordo vasca.

Durante le cure, su consiglio di alcuni esperti in materia di recuperi atletici, mi invitarono a partecipare ad allenamenti di corsa alle Cascine di Firenze. Per settimane, per mantenere in forza i muscoli delle gambe, andai a correre con alcuni runners fiorentini. Sembra che me la cavassi abbastanza bene visto che mi suggerirono di fare della corsa uno sport a tempo pieno, ma io mi annoiavo da morire e sudavo troppo. Volevo solo tornare a nuotare, e tutto il resto era solo un mezzo per raggiungere questo obiettivo.

Il primo giorno alla piscina Cozzi di Milano, dopo decenni di inattività, è stato per certi aspetti divertente al punto da rasentare il ridicolo. Il ricordo delle tante vasche macinate temevo fosse un ostacolo alla ripresa delle nuotate da amatore. Appena entrato in acqua, ho scelto la corsia più vicina alla scaletta, per intenderci quella frequentata da anziani, bambini e persone poco allenate. E così piano piano, dialogando di continuo con tutti i muscoli del mio corpo, bracciata dopo bracciata, ho percorso le prime vasche dopo ventun anni di letargo.

Per me è stato come rinascere: ero felice e triste allo stesso tempo. Felice di riprendere lo sport che ho sempre avuto nel cuore e triste perché avrei potuto continuare a nuotare e non abbandonare del tutto come feci nel 1994. Ma quando si è giovani ci si comporta così, soprattutto dopo una cocente delusione. O è tutto bianco o è tutto nero.

Adesso durante le lente virate guardo l'acqua che copre tutto il mio corpo e penso ad alcuni presocratici che dicevano che l'uomo molto probabilmente viene dal mare, come sostiene il professor Gino Ditadi nel suo capolavoro *I filosofi e gli animali*. Secondo la cosmogonia classica indiana, l'acqua è uno dei macrocostituenti *(mahabhuta)* dell'intero universo insieme all'etere, l'aria, il fuoco e la terra. L'acqua è fuori e dentro di noi ed è alla base di ogni forma vivente.

E il mio corpo – nonostante l'età – si ricorda ancora molto bene degli allenamenti passati, tanto da consentirmi, dopo poche settimane, di nuotare nuovamente tutti i giorni per alcuni chilometri senza grande fatica.

A Milano e a Macerata, dove vivo alcuni giorni alla settimana, ho trovato delle strutture sportive dove posso nuotare con tutta tranquillità senza dover pensare di dimostrare chi sono stato in acqua. A Milano le corsie sono molto affollate, segno che il nuoto piace sempre; a Macerata invece quando la piscina è al massimo della capienza, oltre a me in acqua ci sono solo due o tre persone.

Mentre nuoto penso, riesco perfino a ideare delle nuove procedure di lavoro sia per Milano sia per Macerata e delle nuove ricette da testare nei ristoranti dove lavoro. Un grande libro di alta cucina scritto dall'amico Massimiliano Alaimo, si chiama *Fluidità*. Si caratterizza per essere stato realizzato con delle immagini appositamente distorte dall'elemento acqua. In sostanza, il piatto della ricetta da fotografare veniva coperto con una minivasca trasparente con acqua al suo interno. L'acqua dopo essere stata mossa dal geniale fotografo dava ai contenuti del piatto delle forme alla Dalí. La carota per esempio sembrava fatta a zig-zag, la pastasciutta spesso appariva come un'altra cosa; insomma un esperimento molto interessante e creativo alla massima potenza.

Non è un caso che abbia ripreso con lo sport nella città che ho nel cuore. Milano è tornata a essere la mia casa dopo anni deludenti passati a Roma. Anche il mio maestro Tiziano Terzani, parlando della sua esperienza giapponese, diceva che era stato l'unico flop della sua magnifica carriera da corrispondente asiatico. Lui ci aveva vissuto per cinque anni, io a Roma uno in meno, ma non ce la facevo più a sopportare certe dinamiche di tutti i giorni che ovviamente non tollero né in me né nell'agire degli altri. Terzani, da quello che ha scritto di quel periodo e dalle cose che mi ha confidato suo figlio Folco, in Giappone non riusciva a mettere a frutto tutto il suo potenziale umano e professionale. A casa era triste e depresso, sul lavoro era la brutta copia di se stesso. Non viaggiava e non visitava le grandi realizzazioni degli antichi abitanti, faceva altro, stava chiuso nel suo studio di Tokyo e non si occupava di ciò cui erano interessati i suoi committenti tedeschi del "Der Spiegel".

A me all'incirca è successa la stessa cosa. Non sono riuscito a trasmettere ciò che di buono ero riuscito a fare fino al 2011, l'anno del mio arrivo a Roma. Insieme a Daniel e Fiorenza abbiamo portato avanti Ops!, il ristorante a buffet che adesso gode di un discreto successo grazie agli sforzi di tutti.

Ho cercato di cucinare semplicemente in un ambiente molto scomodo e poco adatto per creare una cucina etica. Per me il concetto di etica deve essere prima di tutto applicato all'uomo, a quello che lavora prima ancora che al cliente e ai prodotti che si cucinano. E la biodiversità è un bene al quale non posso più rinunciare. Quando progettiamo un'azienda di qualsiasi tipo, dobbiamo preoccuparci prima delle persone e poi del profitto economico e non viceversa.

Della mia esperienza vissuta a Roma ricordo con tanto trasporto emotivo gli squisiti ospiti del ristorante, i collaboratori e le straordinarie bellezze storico-artistiche della città più bella del mondo, che purtroppo sprofonda nel degrado a causa della cattiva amministrazione. Non posso però dimenticare alcune persone che ho incontrato in quel periodo. Francesco, uomo di marketing e di comunicazione, con il quale abbiamo progettato mille cose ma non ne abbiamo realizzata neanche una, anche se siamo stati ore e ore a parlare di cucina, salute, arte e abitudini romane. A lui sono molto grato perché si è sempre mostrato leale e disponibile: le ultime valigie dalla casa di piazza Navona sono state caricate sulla mia auto da Francesco.

Alessandro che, nonostante lavori nel mondo delle telecomunicazioni, è un ottimo cuoco. Ci siamo conosciuti all'epoca dei corsi dell'Organic Academy, mi ha seguito a Milano, poi ci siamo ritrovati a Roma. Mi è stato di straordinario aiuto sia sul piano umano sia professionale. Insieme ne abbiamo combinate di tutti i colori. Abbiamo cucinato tante volte sia nel locale romano sia in giro per corsi, serate a tema, cerimonie e tante altre cose. Alessandro è un uomo di grande cultura e con un cuore grande come una casa. Mi spiace molto non essere stato in grado, finora, di realizzare un vero progetto di vita con lui. La sua lealtà nei miei confronti mi ha reso più forte nelle tante sfide cui sono andato incontro.

Sandra Monteleoni, signora intelligentissima e giornalista Rai, è una donna di rara eleganza e con una straordinaria padronanza delle scienze yogiche, una persona molto curiosa e dotta. Insieme abbiamo trascorso dei momenti bellissimi. Per lei provo così tanta stima che ho partecipato anche a una sua lezione presso il Festival internazionale dello Yoga a Roma, in una stanza piena zeppa di gente immersa nelle bellezze da lei descritte e dalle *asane* mostrate. Spero in futuro di fare ancora delle cene yogiche o ayurvediche insieme a lei.

Clementina Montezemolo invece è una ragazza semplice, cui non sembra importare del cognome che porta. Quando arrivava al locale con la figlia Luce portava gioia e leggerezza. Molto spesso conducevo in cucina la piccola, alla quale facevo vedere tutti gli strumenti di lavoro, dal forno ai coltelli... Clementina ha gli occhi da cerbiatto e si capisce subito che ha ricevuto un'educazione d'altri tempi. Ci sentiamo ancora e mi manca la sua compagnia.

Tra i miei collaboratori non posso non ricordare con affetto Conrad, che – oltre a essere un tuttofare che mi ha aiutato tantissimo sia in cucina sia in sala – ama le lingue e la vita semplice. Uomo elegantissimo e gentile con tutti, ha come passatempo preferito cantare a squarciagola canzoni inglesi e italiane...

Tomas è stato un collaboratore di sala dalle capacità umane e professionali uniche. Oltre alle sue competenze vegane, si è fatto amare sia dal personale sia dagli ospiti. Spero possa realizzare in futuro le cose più belle... Con Zaida abbiamo lavorato a lungo insieme, ho apprezzato in lei la semplicità tipica dei peruviani e la sua femminilità. Quando parlavamo era come se ci conoscessimo da sempre.

DJ non è un mestiere ma un ragazzo filippino dalle braccia possenti e dalla disponibilità infinita. Quando è arrivato da noi praticamente non parlava una parola di italiano, mentre adesso è uno dei responsabili della sala. Tutti i clienti gli sono affezionati.

Franz è un altro ragazzo al quale siamo tutti molto legati perché è semplicemente buono e sempre disposto ad aiutare gli altri. È sempre al mio fianco quando tengo i corsi in Ops! per i clienti insieme a Simona che lavora in sala, una ragazza alla quale piace il contatto con le persone e con gli animali. Quando arriva al lavoro con la sua cagnetta è sempre una festa! La gioia infatti è contagiosa anche per gli animali.

Alessandra invece, da buona siciliana, si è mostrata sempre sorridente con tutti; la sua presenza in sala è stata apprezzata dai tanti ospiti che hanno frequentato il locale sia a pranzo sia a cena.

Oronzo, più che un collaboratore, è stato un fratello minore cui rivolgere, oltre alle competenze culinarie, affetto e informazioni esistenziali. Abbiamo passato insieme momenti allegri e tristi; adesso lavora in Inghilterra in diversi locali vegani. Mi fa piacere sapere che l'esperienza fatta assieme gli sia stata utile per iniziare un percorso professionale di cucina vegetariana.

E infine Lucia, la mia più stretta collaboratrice e responsabile della sala. A lei va tutta la mia gratitudine per le tante cose belle compiute e condivise giorno per giorno. Quando si presentò al primo colloquio non pensai che dietro ai grandi occhiali, che indossava per l'occasione, si celasse una ragazza dagli infiniti talenti e da un vasto e profondo amore verso la cultura e le buone maniere. Mi manca molto la sua compagnia, quando ci sentiamo al telefono ricordiamo con gioia i tanti eventi svolti assieme nella capitale. A lei sono profondamente legato da un vincolo di amicizia e di stima. Spero possa realizzare, nel breve, le tante cose che ha nel cuore. Lucia è stata per me veicolo di luce, abbiamo parlato a lungo di questioni intime che di solito sono trattate solo tra veri amici. Si è sempre preoccupata sia dei collaboratori sia degli ospiti del locale, tanto da divenire, nel tempo, un punto di riferimento sia per i primi sia per i secondi.

Roma, più che un laboratorio di cucina, per me è stata una fucina umana; ho passato tante ore sui libri allo scopo di trovare il modo di tornare a fare quello che più mi piace: cucinare e fare ricerca. Tutte le ricette elaborate in questo periodo sono il patrimonio, adattato per l'occasione, delle esperienze fatte. Purtroppo negli anni trascorsi a Roma non sono riuscito ad alimentare la ricerca in cucina e questa è la mia grande delusione. I libri e le letture mi sono serviti come fuga dalle ristrettezze professionali.

## La ricetta
### Fagioli borlotti e latte di cocco

Ingredienti (per 8 persone)
*100 g di porri (solo la parte bianca); 100 g di carote;*
*100 g di sedano; 500 g di fagioli borlotti cotti;*
*500 g di latte di cocco; una presa di pepe verde; 4 foglie*
*di alloro; un pizzico di curry.*

Pulire le verdure e tritarle al cutter grossolanamente.
Mettere sul fondo di una casseruola spessa l'olio
extravergine d'oliva, il pepe verde e le foglie di alloro.
Far rosolare per 1 minuto. Aggiungere le verdure e cuocere
a fuoco moderato fino a renderle morbide. Unire i fagioli
scolati, il latte di cocco e dell'acqua fino a coprire.
Salare leggermente e cuocere per 20 minuti fino a far
addensare il liquido.
Tostare leggermente in padella il curry e aggiungerlo
ai borlotti. Lasciar riposare per 30 minuti e servire caldo.

*È una ricetta che a Roma ha riscosso molto successo.*
*Molti clienti chiedevano di assaggiare questo piatto che*
*nasce dall'idea di unire sapori tipici del Mediterraneo, come*
*i fagioli rossi, con quelli tropicali come il cocco e il curry.*
*L'ayurveda ama il latte di cocco: lo considera molto*
*nutriente e ricco di grassi che fanno bene alla salute.*
*La cucina vegetariana non può fare a meno dei legumi*
*poiché ricchi di proteine dall'alto valore biologico.*
*Quindi questa pietanza è un sodalizio tra Occidente*
*e Oriente e dall'alto valore nutritivo. Molte ricette*
*realizzate in Ops! sono nate con l'intenzione di trasmettere,*
*attraverso il cibo, salute e leggerezza.*

## La ricetta
## Burro alle mandorle

Ingredienti
*150 g di anacardi non tostati né salati; 150 g di mandorle
al naturale; 30 g di olio extravergine d'oliva;
250 g di acqua; 6 g di sale; erbe aromatiche (facoltativo);
scorze di limone (facoltativo); olio piccante (facoltativo).*

Mettere nel cutter la frutta secca insieme al sale, le erbe
e le scorze. Frullare alla massima velocità per alcuni
secondi. Unire i due liquidi e versarli piano piano nel cutter.
Continuare a frullare fino a ottenere una crema liscia e
omogenea. Aggiungere alla fine alcune gocce di olio piccante.
Tenere in frigo.

*La mia cucina da anni è completamente vegetale; questa
ricetta nasce come finto burro per mantecare i risotti
all'italiana. La crema di mandorle può essere anche
spalmata sul pane nero tostato o aggiunta, in piccole dosi,
alla pastasciutta. Insieme alla cuoca Rita Salvadori di Livorno
abbiamo cucinato i tagliolini di semola di grano duro
con aglio, olio e peperoncino più buoni al mondo.
Il segreto della loro bontà è stata l'aggiunta, durante la fase
di saltatura, di un cucchiaio di burro alle mandorle.
Il burro vegetale può essere usato anche in pasticceria
per fare biscotti e frolle delicatissime, basta non aggiungere
sale.*

# Antiche prospettive

Tanti anni fa, eravamo ancora nell'era delle lire, Marco Ferrini, in uno dei suoi momenti di massima ispirazione, si rivolse verso di noi e disse solennemente: "... E da che cosa si vede se una persona ha avuto vero successo nella vita? Non penserete mica alle ricchezze accumulate o ai beni materiali posseduti! La persona pienamente realizzata è quella che ha maturato, nel corso della vita, delle relazioni buone con il prossimo, le creature viventi e le cose create".

Nell'ultimo periodo della mia vita, a fronte di una ridotta ricerca in cucina, ho cercato di sviluppare con le persone che il fato mi ha fatto incontrare, delle relazioni più sorprendenti sia per qualità sia per quantità. A questo proposito non posso non ricordare: Danuta, una donna molto coraggiosa e profondamente convinta che il cibo possa curare anche le malattie più cronicizzate nella nostra struttura fisica. Ama la cucina crudista e i cereali integrali a tal punto da obbligare la sua famiglia ad attenersi a un regime alimentare sanissimo.

Marta, una ragazza bella quanto il sole e la luna messi insieme. Da medico praticante vede i limiti della medicina e con rara onestà intellettuale cerca di stimolare i suoi pazienti con amore e semplici consigli curativi, come, per esempio, la sana alimentazione e la comunione con la Natura.

Sandra, una donna straordinariamente elegante negli abiti e nei modi. È una yogina preparata al meglio per tenere delle lezioni anche a decine e decine di praticanti yoga. Il suo fisico è scolpito dalla pratica di tutti i giorni.

Silvia F. ama la natura come poche ragazze. Ricercatrice dello spirito e delle cose belle, ama la vera montagna come le Dolomiti e i rifugi sopra i 2000 metri.

Silvia C. è una ragazza leale e con una forza di volontà non ordinaria. Con lei abbiamo tenuto lezioni in tanti posti diversi. La sua scuola si chiama La Cucina Del Sole, niente male come nome!

Alessandro, intelligentissimo e sempre disponibile ad aiutarmi, è stato per me un amico leale. Abbiamo viaggiato insieme in molti luoghi e cucinato nei posti più improbabili. A lui devo tantissimo.

Gigi è l'amico più strano che abbia. Avvocato e cuoco allo stesso tempo, è uno studioso delle Sacre Scritture e uomo bizzarro come pochi. È l'amico della vita; quando saliamo sul palco spesso dividiamo il microfono tanta è la sintonia tra di noi. Sua moglie i suoi figli sono sempre nei miei pensieri.

Eleonora è una ragazza generosa e appassionata di pasticceria. Sono stato per lei anche un amico cui far assaggiare tutte le prelibatezze che preparava a casa. Il suo sogno è aprire un laboratorio di pasticceria vegetale a Roma.

Marisa, oltre a essere la moglie di Ferrini, è una grande cuoca ayurvedica. Da lei ho imparato molto e non solo in cucina. Non ho mai conosciuto una persona che non le volesse bene. Marisa è un dono che ci è stato regalato affinché imparassimo ad amare il prossimo come riesce a fare lei.

Rina è una donna speciale che nella vita è sempre stata ordinata e precisa come solo i professionisti come lei sanno essere. Ma fuori dal lavoro Rina è rock! Studiosa di ayurveda e dell'India. Con lei abbiamo dei progetti in corso...

# I menu delle stagioni

# Primavera

- Insalata di finocchi, mela verde e succo di mandarini
- Grano saraceno risottato
- Hummus di piselli alla nostra maniera
- *Lassi* al latte di mandorla e fragole

### Insalata di finocchi, mela verde e succo di mandarini

Ingredienti (per 4 persone)
*2 finocchi; 2 mele verdi; aneto fresco oppure finocchietto;
succo di 2 mandarini; 1 melograno; succo di limone;
germogli freschi colorati (barbabietola, shiso ecc...);
olio d'oliva; pepe di sichuan.*

Tagliare la mela a cubetti regolari senza togliere la buccia e bagnarli con il succo di limone allungato con acqua. Tenere da parte.
Affettare finemente il finocchio e immergere in acqua fredda.
Aprire in due il melograno e togliere i semi battendo con un mestolo di metallo la buccia del frutto. Trasferire i semi in una ciotola.
Spremere il succo dei mandarini e passare al setaccio fine.
Versare il succo sul fondo dei piatti di portata, adagiare le fette di finocchio asciugate bene, alternate a dei pezzi di mela verde e dei chicchi di melograno. Condire con olio d'oliva, sale e pepe cinese.
Finire con i germogli e le erbe fresche.

*Finocchi e mela verde rinfrescano e stimolano. Invito a offrire quest'insalata all'inizio del pasto.*

## Grano saraceno risottato

Ingredienti (per 4 persone)
*200 g di grano saraceno ticinese; 100 g di* tofu *al naturale affumicato; 1 porro (solo la parte bianca); scorza di limone tritata finemente; succo di limone; burro alle mandorle; brodo vegetale leggermente salato; 300 g di latte di mandorla al naturale (Valdibella); un pizzico di noce moscata; menta fresca.*

Tagliare il *tofu* a cubetti molto piccoli, coprirli con dell'olio extravergine d'oliva e tenere da parte.
Tagliare il porro a "cubotti" regolari, trasferirli in una casseruola dal fondo spesso e cuocerli dolcemente con un po' di olio extravergine d'oliva fino a renderli dolci e trasparenti.
Aggiungere il grano saraceno e farlo tostare per alcuni minuti girando di continuo. Versare del brodo bollente fino a coprire e cuocere a fuoco basso per circa 14 minuti.
Togliere dal fuoco e aggiungere il *tofu* fumé, alcuni cucchiai di burro alle mandorle, le scorze tritate finemente e alcune gocce di succo di limone. Salare se necessario.
Scaldare leggermente il latte di mandorla, aggiungervi le foglie di menta, la noce moscata e frullare con il frullatore a immersione in modo da creare una spuma soffice e stabile. Far riposare almeno per 1 minuto.
Servire il grano saraceno risottato in una scodella, finire con la spuma al latte di mandorla e menta.

Per il burro alle mandorle: tostare 100 g di mandorle in forno a 180 °C per 4 minuti. Mettere le mandorle tostate nel cestello del cutter insieme a 250 g di mandorle pelate. Frullare per alcuni secondi.
Unire in un bicchiere 300 g di acqua e 50 g di olio extravergine d'oliva.
Versare lentamente la parte liquida nel cestello e frullare alla massima potenza fino a ottenere un composto morbido e li-

scio. Trasferire il "burro" alle mandorle in un contenitore ermetico e conservare in frigo.
Consumare entro 4 giorni.


### Hummus di piselli alla nostra maniera
*(senza glutine)*

Ingredienti (per 4 persone)
*250 g di piselli al gelo; 50 g di burro di mandorle; olio piccante; coriandolo fresco; scorza di limone tritata; cialde di lenticchie (pappadam); olio di arachidi; erbe aromatiche.*

Mettere nel cutter potente i piselli insieme all'olio piccante, il sale e frullare alla massima velocità per 1 minuto.
Passare il purè di piselli attraverso un setaccio di metallo e condire con dell'olio d'oliva, le erbe tritate finemente e la scorza di limone.
Friggere le cialde di lenticchie in olio di arachidi per 1 minuto. Togliere dall'olio e far raffreddare su della carta assorbente.
Servire l'hummus di piselli insieme alle cialde croccanti. Guarnire con delle erbe aromatiche.


### Lassi al latte di mandorla e fragole
*(ricetta ayurvedica)*

Ingredienti (per 4 persone)
*250 g di latte di mandorla; 30 g di zucchero di canna; 5 g di maizena; succo di limone; vaniglia; 250 g di fragole mature; 30 g di zucchero di canna; scorza di limone; un pezzetto di cannella.*

Disciogliere la maizena con un po' di latte di mandorla. Mettere sul fuoco il restante latte insieme allo zucchero e i semi di vaniglia. Quando il latte bolle, aggiungervi la maizena e girare con una frusta fino a farlo addensare.

Togliere dal fuoco e far raffreddare bene.

Aggiungere delle gocce di succo di limone e tenere da parte.

Tagliare le fragole a pezzi regolari; trasferirli sul fondo di una casseruola insieme allo zucchero, la scorza di limone e la cannella.

Far cuocere a fuoco sostenuto per circa 5 minuti; aggiungere alcune gocce di succo di limone a fine cottura per ravvivare il colore rosso.

Togliere dal fuoco e tritare con un coltello, dopo aver eliminato la cannella, fino a ottenere una consistenza grossolana.

Versare la purea di fragole sul fondo dei bicchieri, aggiungervi sopra il *lassi* di mandorle e servire a temperatura ambiente.

# Estate

- Pâté di melanzane
- Riso alla bengalese con verdure saltate
- Insalata ayurvedica
- Muffins al tè verde e prugne

### PÂTÉ DI MELANZANE

Ingredienti (per 4 persone)
*4 grosse melanzane dalla buccia scura; 100 g di pomodorini sott'olio (scolati); menta fresca; olio piccante; maionese al latte di soia al naturale.*

Adagiare le melanzane su una placca da forno e infornare a 180 °C per 40 minuti. Togliere la buccia e tagliare la polpa arrostita a listarelle irregolari. Trasferirle in un colino di metallo e far drenare il liquido per alcune ore. Tagliare le melanzane a cubi regolari e fare lo stesso con i pomodorini. In una bacinella di metallo mettere le melanzane, i pomodorini e alcuni cucchiai di maionese al latte di soia. Condire con la menta tritata grossolanamente, dell'olio extravergine d'oliva e delle gocce di olio piccante.

*La ricetta può essere anche passata al cutter in modo da ottenere una purea liscia. La cottura in forno delle melanzane conferisce loro un sapore leggermente affumicato.*

### RISO ALLA BENGALESE CON VERDURE SALTATE
*(ricetta ayurvedica)*

Ingredienti (per 4 persone)
*250 g di riso Basmati, 500 g di acqua, 20 g di uvetta,*

5 g di sale, 2 g di curcuma, 2 bacche di cardamomo,
2 chiodi di garofano, 2 grani di pepe verde, 2 foglie
di alloro, ½ stecca di cannella, 1 zucchina, 1 carota,
1 gambo di sedano.

Mettere sul fuoco l'acqua insieme all'uvetta e il sale. In una
casseruola dal fondo spesso versare alcuni cucchiai di olio
extravergine d'oliva, unirvi tutte le spezie e farle rosolare
dolcemente per alcuni minuti. Aggiungervi il riso e tostarlo
bene girando spesso con un cucchiaio di legno.
Versarvi l'acqua bollente e coprire con il coperchio. Cuocere a fuoco basso per 12 minuti, poi togliere dal fuoco e lasciar riposare senza girare almeno per 30 minuti.
Pelare la carota e il sedano e tagliarli a cubetti piccoli e regolari. Saltarli in una padella antiaderente con un goccio di
olio extravergine d'oliva fino a rendere le parti esterne croccanti. Salare alla fine e tenere in caldo.
Tagliare a cubetti la zucchina e cuocerla alo stesso modo.
Unire le verdure al riso profumato e servire.

*Il riso bengalese si caratterizza per un profumo delicato e
un colore vivace. Si può aromatizzare ulteriormente, a fine
cottura, con dell'olio aromatizzato e con delle scorze di limone tritate finemente.*

### INSALATA AYURVEDICA
*(ricetta vegana e adatta alle persone celiache)*

Ingredienti (per 4 persone)
*200 g di foglie di spinaci; 100 g di noci sgusciate; 100 g
di ceci lessati nel modo classico; 1 mela; un pizzico
di curry dolce; scorza di limone; succo di limone; pepe
indiano (pippali); erbe aromatiche; olio leggermente
piccante; sale himalayano; capperi in salamoia (no alcol).*

Mettere le foglie di spinaci in una bacinella di metallo. Condirle con delle gocce di succo di limone, l'olio piccante e un pizzico di sale indiano. Tenere da parte.

Tostare i gherigli di noce in forno a 180 °C per 4 minuti.

Pelare la mela, tagliarla a pezzi grossolani e condirli con delle gocce di limone e un pizzico di curry dolce.

Servire nel piatto di portata le foglie di spinaci, i ceci cotti, le noci tostate e i pezzi di mela. Decorare con i capperi, le scorze di limone tagliate a listarelle e le erbe aromatiche. Condire con olio extravergine d'oliva e del pepe indiano macinato al momento.

*Il* pippali *è una bacca simile a una piccola pigna; ha un sapore vicino al pepe nero. Stimola le funzioni digestive e non irrita le mucose intestinali.*

*La ricetta prevede tutti e sei i rasa. L'acido è rappresentato dal succo di limone, l'amaro dalla scorza di limone, l'astringente dai ceci e le foglie di spinaci, il dolce dalla mela, il piccante dall'olio al peperoncino e dal pepe indiano e infine il salato dal sale rosa indiano.*

## MUFFINS AL TÈ VERDE E PRUGNE

Ingredienti (per 8 persone)
*300 g di farina tipo 2; 160 g di zucchero di canna grezzo; 270 g di acqua di pere; 140 g di olio di mais bio; 80 g di prugne secche; 15 g di tè verde in polvere; 1 bustina di cremortartaro (oppure di lievito per dolci); un pizzico di bicarbonato; scorze di arance tritate; scorze di limone tritate; confettura di arance allungata con acqua; zucchero di canna grezzo per spolverare.*

In una bacinella mettere la farina con lo zucchero (frullato in precedenza con le scorze), il cremortartaro setacciato, il tè verde in polvere, un pizzico di sale e uno di bicarbonato.

In un bicchiere miscelare tra loro l'acqua di pere e l'olio di mais; versare la parte liquida sopra gli elementi secchi e amalgamare con una spatola, per alcuni minuti, fino a rendere il composto liscio.

Tagliare a pezzetti regolari le prugne secche, aggiungervene metà e trasferire il composto in stampini alti monouso di alluminio (50 g cadauno), precedentemente oliati e infarinati.

Mettere sopra le altre prugne, delle gocce di acqua all'arance e lo zucchero grezzo. Infornare a 170 °C per 14 minuti.

Far raffreddare bene prima di togliere i muffins dai loro stampi.

Per l'acqua di pere: pelare una pera tipo Kaiser ed eliminare i semi. Tagliarla a pezzi regolari e metterli sul fondo di una casseruola, aggiungere una scorza di limone e coprire con l'acqua (300 g circa).

Cuocere a fuoco basso per 10 minuti e con il coperchio. Togliere dal fuoco e lasciar raffreddare. Filtrare il liquido e usarlo per aromatizzare torte, pan di Spagna, pani ecc...

*Tale dessert è ottimo se accompagnato a una tisana o a un caffè d'orzo. I muffins possono essere aromatizzati con spezie come la cannella o il cardamomo. Ottimo sarebbe accompagnarli con una crema calda allo zafferano e vaniglia.*

# Autunno

- Cappuccino ricco di proteine
- Gnocchi di patate e semola con ragù di zucca gialla, burro alle nocciole...
- Tofu alla *tandoori*
- Biscotti senza zuccheri al limone

### Cappuccino ricco di proteine

Ingredienti (per 8 persone)
*400 g di tempeh al naturale; tamari; pepe verde in grani; coriandolo fresco; succo di limone; 400 g di broccoli; capperi sotto sale; scorze di limone tritate finemente; olio piccante; 200 g di latte di mandorla; sale al carbone*

Tagliare il *tempeh* a cubetti e farli marinare con gocce di *tamari*, succo di limone e pepe verde macinato grossolanamente. Lasciar riposare alcune ore.
Saltarli in padella con gocce di olio extravergine d'oliva fino a renderli croccanti all'esterno. Tenere da parte.
Pulire i broccoli in modo da ricavare delle cimette dalla forma regolare. Sbollentarle in acqua salata (8 g di sale per litro) e raffreddarle velocemente in acqua e ghiaccio.
Scolare e frullare con il cutter fino a ottenere una purea liscia; condire con capperi tritati grossolanamente e gocce di olio piccante. Salare se necessario e tenere da parte.
Scaldare il latte di mandorla fino a 40 °C; montare il latte con il frullatore a immersione fino a ottenere una spuma stabile, poi lasciarla riposare alcuni minuti.
Versare un cucchiaio di purea di broccoli intiepidita sul fondo dei bicchieri, continuare con il ragù di *tempeh* e finire con la spuma al latte vegetale. Decorare con scaglie di sale nero.

Il tempeh è una straordinaria preparazione a base di fagioli di soia fermentati. La sua preparazione è antica e riconducibile alla penisola indocinese. Grazie all'intervento di alcuni specifici batteri si ottiene una fonte proteica di alto valore nutrizionale.

### GNOCCHI DI PATATE E SEMOLA CON RAGÙ DI ZUCCA GIALLA, BURRO ALLE NOCCIOLE...

Ingredienti (per 8 persone)
Per gli gnocchi: *1 kg di patate bollite (in acqua leggermente salata); 300 g di semola di grano duro; 8 g di rosmarino tritato; 4 g di sale; scorze di 1 arancia grattugiata; semola per spolverare.*
Per il ragù: *1 zucca gialla piccola; semi di zucca gialla tostati.*
Per il burro alle nocciole: *200 g di anacardi; 100 g di mandorle; 100 g di nocciole; 250 g di acqua; 50 g di olio extravergine d'oliva; 6 g di sale.*
Per la presentazione: *¼ di zucca dalla buccia fine; rosmarino; salvia; erbe fresche; scorza di limone.*

Passare le patate al setaccio fine e unirle alla semola, al rosmarino, alla scorza di arancia e al sale.
Lavorare l'impasto con le mani per alcuni minuti; fare una palla e coprirla con un panno di cotone, poi lasciarla riposare per almeno 1 ora.
Fare con le mani dei piccoli cilindri, aiutandosi con altra semola. Tagliarli a piccoli pezzi e passarli sulla forchetta o una grattugia in modo da creare delle superfici ruvide. Congelare subito.
Pelare la zucca e tagliare la polpa a cubetti regolari; saltarli in una padella con un goccio di olio extravergine d'oliva fino a renderli croccanti all'esterno. Salare alla fine e tenere da parte.

Far bollire i ritagli in acqua salata per 6 minuti, scolare e frullarli con un goccio di olio e dell'acqua di cottura, in modo da creare una crema liscia. Tenere da parte.

Mettere nel cutter la frutta secca, il sale e frullare, alla massima velocità, per alcuni secondi. Unire i due liquidi e versarli a filo nel cutter. Continuare alla massima velocità fino alla fine degli ingredienti per ottenere una crema molto fluida. Tenere da parte.

Tagliare il pezzo di zucca a fette e adagiarle su una teglia da forno rivestita con la sua carta. Condire con le erbe tritate, un goccio di olio e sale. Cuocere in forno a 185 °C per 16 minuti e tenere in caldo.

Cuocere gli gnocchi in acqua salata; saltarli nella padella con la purea e i pezzi di zucca cotti, il burro di nocciole e le erbe tritate grossolanamente. Servire gli gnocchi all'onda con fette di zucca arrostita. Finire con scorza di limone grattugiata.

### TOFU ALLA TANDOORI
*(ricetta ayurvedica)*

Ingredienti (per 4 persone)
4 *pezzi di* tofu *al naturale; farina di riso; erba cipollina; ginger fresco;* ½ *porro; olio d'oliva; olio di sesamo;* tandoori *in polvere.*

Tagliare a quadretti la parte bianca del porro; pelare e tagliare a piccoli cubi il ginger. Unire i due ingredienti in una piccola casseruola dal fondo spesso, coprire con olio d'oliva e far rosolare pian piano per circa 20 minuti. La cottura lenta conferirà dolcezza e morbidezza sia al porro sia al ginger fresco. Tenere da parte.

Passare i pezzetti di *tofu* nella farina di riso e rosolarli in una padella di ferro con un po' di olio fino a rendere le superfici croccanti.

Mettere la polvere di *tandoori* in una piccola ciotola e coprire con l'olio di sesamo. Con un pennellino distribuire l'olio alla *tandoori* su tutte le facce del *tofu*, salare e infornare a 180 °C per 6 minuti.

Servire il *tofu* alla *tandoori* caldo, condire con l'olio al ginger e l'erba cipollina tagliata a rondelle fini.

### Biscotti senza zuccheri al limone

Ingredienti (per 4 persone)
*120 g di farina tipo 2 (semintegrale); 40 g di farina di riso; 40 g di farina di farro; 40 g di fioretto di mais; 40 g di gocce di cioccolato fondente; 20 g di orzo solubile; 150 g di malto di riso; 80 g di olio di mais; 1 bustina di cremortartaro; scorza di limone tritata finemente.*

Mettere tutte le farine in una bacinella di metallo insieme all'orzo solubile, il cremortartaro e la scorza di limone.
Unire in un bicchiere il malto con l'olio ed emulsionare con una frusta.
Versare la parte liquida sugli ingredienti secchi, aggiungere le gocce di cioccolata e lavorare il composto con le mani per alcuni minuti.
Fare una palla e lasciarla riposare per 1 ora.
Stendere la pasta con un matterello fino a creare una sfoglia dello spessore di pochi millimetri. Mettere la pasta a riposare in congelatore per 1 ora.
Con un coppapasta tondo ricavare dei biscotti e infornarli a 180 °C per 8 minuti. Lasciar raffreddare completamente.

*I biscotti sono una delle mie passioni. Vorrei fare un libro di soli biscotti, dolci ma senza zuccheri. La dolcezza diverrebbe così una concessione non troppo dannosa per il nostro benessere. Evviva la nuova pasticceria della salute!*

# Inverno

- Carpaccio di sedano rapa con erbe aromatiche e maionese crudista al latte di mandorla
- Polenta di farina gialla con verdure d'inverno e pane di segale
- Involtini di pasta di riso ripieni di fagioli cannellini, mela e tante erbe
- Bomboloni di fagioli adzuki cotti al vapore

### CARPACCIO DI SEDANO RAPA CON ERBE AROMATICHE
### E MAIONESE CRUDISTA AL LATTE DI MANDORLA

Ingredienti (per 8 persone)
*2 sedani rapa; foglie di spinaci novelli; 1 mela verde;*
*10 g di malto di riso o mais; succo di lime; aneto; cerfoglio;*
*prezzemolo; menta; maionese crudista.*

Pelare e affettare i sedani rapa in modo da ottenere delle strisce sottilissime e dello stesso spessore. Trasferirle in un vassoio di metallo e condirle con succo di limone, un pizzico di sale e olio extravergine d'oliva. Lasciar riposare per alcune ore. Tagliare la mela verde a cubetti e bagnarli con acqua e succo di limone. Tenere da parte. Servire le fette di sedano rapa in modo da creare dei nidi, aggiungere i pezzetti di mela e condire con gocce di malto, il liquido di vegetazione e le erbe aromatiche. Finire con delle cucchiaiate di maionese crudista e le foglie di spinaci o di insalate amare.

*Un piatto delicato e ricco di sostanze nutritive. La cucina crudista, se fatta bene, può essere una grande sorpresa piena di gusto, creatività e salute. Le marinature possono essere fatte sia su vegetali sia su preparazioni proteiche come il tofu, il tempeh, il seitan ecc...*

*Il sedano rapa può essere grattugiato, tagliato a piccoli cubi oppure cotto in molti modi diversi.*

### Polenta di farina gialla con verdure d'inverno e pane di segale

Ingredienti (per 8 persone)
*100 g di farina di mais bio macinata a pietra; 800 g di acqua; 8 g di olio; 2 porri; 4 finocchi baby; 4 foglie di cavolfiore; 1 barbabietola cruda; aceto di cocco; 4 cime di broccolo; 4 cime di cavolfiore; 4 patate viola; scorza di arancia pane di farina di segale; sale; pepe.*

Disciogliere la farina gialla con un po' dell'acqua prevista dalla ricetta. Mettere sul fuoco l'acqua restante e portare a bollore insieme a 8 g di sale. Versare lentamente la farina disciolta e girare con un cucchiaio di legno di continuo. Continuare la cottura, a fuoco basso, per 30 minuti. Mantenere in caldo.
Tagliare a rondelle la parte bianca del porro; far stufare dolcemente con un goccio di olio fino a renderlo trasparente. Salare, pepare e frullare in modo da ricavare un composto quasi spalmabile.
Sbollentare in acqua salata (8 g di sale per litro) i broccoli per 3 minuti, i cavolfiori per 3 minuti, i finocchi per 2 minuti.
Sia la cottura sia il raffreddamento, in acqua e ghiaccio, devono esser fatti mantenendo le verdure separate tra loro.
Scolare e condire con olio extravergine d'oliva. Pelare le patate e cuocerle al vapore per 20 minuti.
Passarle al setaccio, condire con un goccio di olio, di aceto di cocco, la scorza di arancia tritata e un pizzico di sale. Lasciar riposare alcune ore in modo da rendere più vivo il colore delle patate. Fare delle palline e metterle in frigo.
Pelare la barbabietola e tagliarla a spicchi sottili, condire con l'aceto di cocco e lasciar riposare per 1 ora.

Distribuire sul fondo dei piatti la crema di porri, versare sopra la polenta liquida e decorare con le verdure invernali cotte e scaldate per 3 minuti in forno a 180 °C.
Finire con una piccola foglia di cavolfiore cruda e la pallina di patate viola. Accompagnare con il pane di segale e semi di cumino.

## Involtini di pasta di riso ripieni di fagioli cannellini, mela e tante erbe

Ingredienti (per 4 persone)
*8 fogli di carta di riso; 400 g di cannellini cotti; 50 g di burro di mandorle; erbe aromatiche; scorze di limone; olio extravergine d'oliva; olio piccante; gocce di salsa affumicata; un pizzico di paprika dolce.*

Togliere la pelle ai cannellini e tritarli grossolanamente con un coltello. Condirli con il burro alle mandorle, le erbe e le scorze tritate finemente. Aggiungere olio extravergine d'oliva, olio piccante e del sale se necessario.
Bagnare i fogli con acqua fredda e distenderli su un tagliere. Mettere al centro una noce di impasto di cannellini e chiudere i fogli in modo da ottenere degli involtini cilindrici. Adagiarli su una placca di metallo e cuocerli al vapore per 6 minuti alla massima potenza.
Servirli appena usciti dalla vaporiera con gocce di salsa affumicata, gocce di olio e un pizzico di paprika delicata.

Per i cannellini: mettere i cannellini a bagno per una notte. Scolarli e farli cuocere in abbondante acqua insieme a delle foglie di salvia e alloro per circa 40 minuti. Aggiungere il sale solo a fine cottura.

Per la salsa affumicata: è un liquido molto saporito che ri-

corda il processo di affumicatura. Di solito la salsa è naturalmente composta da ingredienti vegetali: verdure, zucchero di canna ecc...
Controllare bene l'etichetta fa sempre bene!

### BOMBOLONI DI FAGIOLI ADZUKI COTTI AL VAPORE

Ingredienti (per 8 persone)
*200 g di farina semintegrale; 140 g di latte vegetale al naturale; 60 g di zucchero integrale di canna; 60 g di purea di adzuki; 30 g di olio di semi; 8 g di lievito di birra; un pizzico di sale; scorza di limone tritata finemente; confettura per farcire; zucchero di canna a velo.*

Sciogliere il lievito di birra insieme al latte leggermente scaldato (max 30 °C) e aggiungere l'olio. Mettere la farina in una bacinella con la purea di *adzuki*, lo zucchero, la scorza e il sale.
Versare la parte liquida sugli ingredienti secchi e lavorare con le mani per alcuni minuti. Fare una palla, coprirla con un panno di lino o di cotone e lasciar lievitare per circa 2 ore.
Stendere la pasta con un matterello di legno fino a raggiungere lo spessore di pochi millimetri.
Con un coppapasta tondo ricavare dei dischi e adagiarli su una placca da forno rivestita con la sua carta. Lasciar lievitare nuovamente fino al raddoppio del loro volume. Cuocere al vapore per 8-10 minuti.
Togliere dal forno, tagliarli a metà nel senso orizzontale e farcirli con una crema o confettura. Decorare con lo zucchero a velo scuro.

Per i fagioli *adzuki*: mettere a bagno per una notte i fagioli *adzuki*. Scolare e farli cuocere in abbondante acqua insieme a un pezzetto di alga *kombu*.

La cottura dovrà essere fatta in una pentola dal fondo spesso, a fuoco basso e con un coperchio ermetico.
Non salare!

Per la purea: togliere dall'acqua i fagioli e frullarli in un cutter potente.
Passarli al setaccio di metallo in modo da ottenere una purea liscia e morbida.

# Indice

## Madeleines

Sveva Casati Modignani, *Il Diavolo e la rossumata*
Andrea Vitali, *Le tre minestre*
Enrico Brizzi, *L'arte di stare al mondo*
Gaetano Cappelli, *Stelle, starlet e adorabili frattaglie*
Sveva Casati Modignani, *Il bacio di Giuda*
Molly Wizenberg, *La mia vita fatta in casa*
Erica Arosio, Giorgio Maimone, *L'amour gourmet*
Isabella Bossi Fedrigotti, *Quando il mondo era in ordine*
Aldo Nove, *Un bambino piangeva*
Angelo Roma, *Ancora più vita*
Camilla Baresani, *Gli sbafatori*

## Madeleines Extra

Diego Abatantuono, *Ladri di cotolette*
Dario Vergassola, *La ballata delle acciughe*
Nino Frassica, *La mia autobiografia (70% vera 80% falsa)*
Cristina Parodi, *Arrivo sempre in anticipo*
Matteo Viviani, *La crisalide nel fango*
Maurizio Costanzo, *Le mie tele-visioni*
Romina Power, *Ti prendo per mano*
Brooke Shields, *C'era una volta una bambina*
Giovanni Gastel, *Un eterno istante. La mia vita*
Fatma Ruffini, *La signora di Mediaset*
Mara Venier, *Amori della zia*
Matteo Cambi con Gabriele Parpiglia, *Margherita di spine*
Carolina Bocca, *Soffia forte il vento nel cuore di mio figlio*

## Madeleines Sfide

Valentina Acciardi, *Mi riprendo la vita con una mano sola*
Caterina Nitto, *Una vita da attivista*
Martina Fuga, *Lo zaino di Emma*
Giovanna Valls Galfetti, *Diario di una rinascita*
Chiara Montanari, *Cronache dai ghiacci*
Gheula Canarutto Nemni, *(Non) si può avere tutto*
Francesca Vecchioni, *T'innamorerai senza pensare*
Catia Pellegrino, *La scelta di Catia*
Conchita Wurst, *Io, Conchita. La mia storia*

Amy Purdy, *L'arte di rimettersi in piedi*
Jeff Hobbs, *Breve e tragica vita di Robert Peace*
Garth Callaghan, *Con amore, papà*
Miriam Marcazzan con Pino Scaccia, *Nell'inferno dei narcos*

## Madeleines Memorie

Ilaria Borletti Buitoni, *Cammino controcorrente*
Nicola Carraro, Alberto Rizzoli, *Rizzoli. La vera storia di una grande famiglia italiana*
Annamaria Cancellieri, *Una vita bellissima*
Patrizia Gucci, *Gucci. La vera storia di una dinastia di successo*
Achilleugenio Lauro, *Il Navigatore. Achille Lauro, una vita per mare*

## Madeleines Passioni

Antonio Gaudino e Paolo Silvestrini, *Franco Califano. Un attimo di vita*
Diego Pablo Simeone, *El Cholo. Il mio metodo per vincere*
Roberto Commentucci e Sara Errani, *Excalibur. Il mio tennis sul tetto del mondo*
Casey Stoner (con Matthew Roberts), *Oltre ogni limite*
Claire Lescure, *Stromae. Maestro formidabile*
Nick Johnston, *Ryan Gosling. Non chiamatemi il bello di Hollywood*
Emily Herbert, *Robin Williams. I sogni non muoiono mai*
Karin Sturm, *Sebastian Vettel*
Martino Migli, Gabriele Sanzini, Francesco Taranto, *Cervellini in fuga*

## Madeleines Gourmet

Cristina Bowerman, *Da Cerignola a San Francisco e ritorno*
Paolo Marchi, *XXL. 50 piatti che hanno allargato la mia vita*
Antonino Cannavacciuolo, *Pure tu vuoi fare lo chef?*
Pietro Leemann, *Il sale della vita*
Ezio e Renata Santin, *Un, due, tre... stella!*

**Azienda certificata ISO 9001**
Mondadori Electa S.p.A. è un'azienda certificata per il Sistema
di Gestione Qualità da Bureau Veritas Italia S.p.A.,
secondo la Norma UNI EN ISO 9001:2008.

**Questo libro rispetta l'ambiente**
La carta utilizzata è stata prodotta con legno proveniente da
foreste gestite secondo rigide regole ambientali, le aziende coinvolte
garantiscono una produzione sostenibile aderendo alle certificazioni
ambientali.

www.librimondadori.it

Questo volume è stato stampato
presso Elcograf S.p.A., stabilimento di Cles (Trento)
Stampato in Italia – Printed in Italy